〔英〕阿尔弗雷德·诺思·怀特海（Alfred North Whitehead）著

周邦宪 译

The Function of
Reason

理性的
功能

商务印书馆
The Commercial Press

《理性的功能》译自 Beacon Press 1971 年版

《符号的意义及效果》译自 The Macmillan Company 1958 年版

商务印书馆（成都）有限责任公司出品

中译者序

《理性的功能》和《符号的意义及效果》两书结集出版，译者谨此分别对它们作一介绍。

一

《理性的功能》一书由怀特海 1929 年在普林斯顿大学所作的三次演讲辑录而成，他的扛鼎之作《过程与实在》也在同年问世。所以，本书可被视为哲学家站在过程哲学的巅峰对"理性"这一专题所作的俯瞰。

过程哲学认为，构成宇宙的基本单位不是不变的粒子，而是永远处于动态的"事件"（event）或"事态"（occasion），怀特海称其为"实际实有"（actual entity）。entity 一词不宜译为"体"，因为，这个基本单位是运动着的"一个量子的能"（柯布语）。actual 一词也不宜译为"现实"，因为怀特海明确地说过，在 actual entity 的"背后不可能找到任何更实在的事物"（拙译《过程与实在》，北京联合出版公司，2014年，第27页），可见它是隐藏在表象之下最幽深处的、终极的东西。因此，它"实"而非"现"。

实际实有的生成（becoming）为"创造性"所驱动。"创造性"一语是中性的，并无褒义。怀特海在本书中说得非常直白，"创造性"就是活下去，活得好，活得更好的那种冲动。实际实有是双极的，即既有物质极，又有精神极，而且，精神极是有矢量特征的，它引导着"创造性"的方向。在人这儿，这一矢量特征就表现为实践理性。"理性是经验中的一个因素，它对那一冲动，即欲成就在想象中已实现但尚未在事实上实现的那一目标，进行指导和批判。"（本书第9页）所以怀特海说："实践理性的历史要追溯到人类所源自的动物生命。如果算上那些引导着方法缓慢发展的微弱而零星的智慧闪现，这一历史的时间长度会以百万年计。"（本书第31页）

既然要指导"活得更好"的那一冲动，人的理性就要将"创造性"规范（canalize）在一定的轨道，不能让它肆意狂奔，于是人就有了形形色色的想法／理论／观念，科学、文学、社会学等便有了种种实验。但失败的实验何其多也，即便残存下来的也可能是"福兮祸所伏"。所以怀特海在他后来的著作《观念的冒险》（1933）一书中有一句极精辟的话：

"观念之史，便是错误之史。"（拙译《观念的冒险》，译林出版社，2012年，第31页）我们的理性让某一观念来指导我们的生活之道（art of life），有可能使我们"活得更好"，但也有可能把我们引向灾难。"数代高尚的人所祈求，并为之奋斗、为之牺牲的辉煌时刻"，很可能"正标志着由福向祸的转捩点"（《过程与实在》，第500页）。

所以，理性指导我们生活之道的过程，是一场冒险。

理性需要不断磨砺，观念/规律需要随时修正，因为，根据过程哲学，世界在微观和宏观上都是无穷尽的，我们认识到的世界极其有限，我们所总结的任何规律都不能穷尽一切现象，它们只是统计学意义上的真理，并不存在"调节一切行为的、固定而永恒的规律"（《观念的冒险》，第123页）。

我们当然应尊重规律，因为它们毕竟是一定限度内的真理。但任何自然规律都不能描述**一切**，更不能决定**一切**。"具体情况"是生动而丰富的，"抽象规律"描述的只是一定限度内的普遍真理。如果我们以"天下乌鸦一般黑"的规律去对待每一只具体的乌鸦，我们便是犯了怀特海所说的那种"具体性误置谬误"，即把抽象视为具体，用抽象代替具体。大千世界，纷纭万象，岂是几条规律管得住的？

实践理性最后滋生出了思辨理性，思辨理性是在人类的文明中产生的。这种理性最初表现为人在孤独思考中的偶发灵感。孤独的沉思者，幽情暗恨起于独处之时，他们的思考超越了现实的利益。这种理性追求的目的不再是实际性的、功利性的了。理性从脚踩大地，发展到了仰望星空。"它以非功利的好奇心追求对世界的理解。天下事，无一不是它欲知的对象。"（本书第29页）拥有这种好奇心的人，天性中"包含一种不安的成分，虽朦胧摇曳，却对不可企及的东西穷追不舍"。这样的人，"将学问与直接经验的乐趣熔铸为一体"（本书第36页），这样的人，"怀抱着某种想象的新颖观点，既与传统的方式有关，却又超越之"（本书第50页）。他们就是鲁迅先生说过的那种在求真时"纠缠如毒蛇，执著如怨鬼"的人，就是钱锺书先生形容过的那种"心痒难熬"的人。他们所思考的东西，即便万世无用，那至少也是人类所做的"思维体操"，代表了那个时代人类思维发展的高度。

人类的历史其实就是理性指导生活之道的历史，就是实践理性与思辨理性交互作用的历史。明白了这一点，我们才会永远怀抱着理想和热情，冒险去探索无涯的未知世界。

二

1927年4月，怀特海在弗吉尼亚大学的巴伯·佩奇讲座作了三次演讲，初定名为《符号表达法对个人和社会的作用》。据怀特海自己说，这些都是他尚未发表过的、在哈佛也很少讲过的观点。但由于他讲得太抽象深奥，听众的反应并不热烈。第一讲听众尚多，到第三讲便只剩下十来个听众。同年11月，麦克米兰公司几乎一字不改地将这三次演讲结集出版，定名为《符号的意义及效果》。

怀特海认为，当我们感知外部世界时，我们首先感知到的是我们的身体。用当代著名过程哲学家格里芬的话来说就是："我们用我们的身体知觉外在于我们身体的世界，所以，我们对我们所谓的'物质世界'的**最直接的**知觉，并非我们对外在事物的感官感知，而是**我们对来自我们身体的诸感受的接受**。"（拙译《怀特海的另类后现代哲学》，北京大学出版社，2013年，第235页）比如，当我们看到天上的星星时，我们首先感到的是我们眼睛的收缩。这一感知方式被怀特海称为"因果效验感知方式"。

因果效验感知方式是最原始的感知方式，它属于一切构成世界的基本单位（怀特海称之为"实际实有"）。

但是，当我们看到夜空中的星星时，进入我们眼帘的实际上只是一些有颜色的形状。这时，予料（颜色、形状）是直接呈现给我们的，未讲述任何关于过去和将来的事。这一感知方式被怀特海称为"直接表象感知方式"。

我们感知到了眼球的运动，感知到了颜色、形状等予料之后，我们便根据我们过去的经验（个人经历、知识背景），将它们合成起来，然后结论道：我们看见了星星。这一感知过程被怀特海称为"符号指称"（symbolic reference）。由于不同的人有不同的过去经验，因而他们的结论会不同。天文学家会结论道：那是离我们若干光年的某颗恒星；迷信的人则会将陨石雨的降落视为不祥之兆。

怀特海的这一理论是对前人认识论的颠覆。

康德和休谟都不承认因果效验。康德虽然承认因果效验是现象世界中的一个因素，但却只承认它是我们关于予料的思想方式。而休谟则完全否认因果效验。他们二者都将单纯予料视为"简单偶发事件"，认为在知觉世界的过程中，人的思想或直觉并未作为构建成分介入。在谈到实体时，休谟振振有辞地说过这样的话："如果它是我们的感官传递给我们的，请问，是感官中的哪一个？以何种方式？如果它是被眼睛知觉到的，那它肯定是颜色；如果是被耳朵，则肯定是声音；如果是被味觉，则肯定是味道；其他感官，也是一样。但是我相信，谁也不会声称实体是一种颜色，或声音，或味道。"怀特海以子之矛攻子之盾："他虽然宣称没有因果关系的知觉，却在暗中预设了它，否则何来'用眼睛''用耳朵''用味觉'的'用'？"没有作为"因"的眼睛、耳朵和味觉，怎么会有颜色、声音和味道这些"果"？

怀特海进一步说，那种把单纯予料视为"简单偶发事件"的做法实际上是基于时间是"纯粹接续"的学说，是一种"具体性误置"的谬误。时间固然是一种接续，但它却是具体经验的接续。而时间的"纯粹接续"则是一种抽象，它抽去了时间的特殊特点：经验的一定性与宇宙固定的现实性在时间上是有关系的。

我们的知觉大多数都是符号性质的。按照怀特海的解释："当人的心理经验中的某些成分，鉴于其他成分而引起了意识、情感及习惯，这时人的心理便是以符号在进行活动。"我们看见一张椅子，我们首先看见的是作为符号的颜色和形状，然后才想到它的意义：椅子。这种从符号向意义过渡的机体功能活动被称为"符号指称"。

但是天下万物并未注定是符号或是意义。诗人在树林中灵感喷发，急于要用恰当的诗行来表现自己所看到的树木。这时，对于他，树木是符号，诗行才是意义；而对于读者，诗行则是符号，它们所唤起的景象和情感才是意义。这就是怀特海所说的"在使用语言的过程中，存在着一种双重的符号指称——说者以物指词，听者则逆而以词指物"（本书第84页）。

同样的符号，在背景各异的人们的心中所唤起的情感不一定是相同的。莎士比亚歌颂英国那一岛国的诗与惠特曼歌颂美国广袤大地的诗在对方的人民心中所唤起的情感肯定是不同的。

符号在人类社会中的作用可谓大矣。照怀特海的说法，"一个社会制度是被本能行为，以及丛生在习惯和习见周围的本能情感的盲目力量结合在一起的"（本书第127页）。而这些盲目力量都要表现为符号。这些符号负载着传统和历史的力量，轻易动摇不得。这些符号和人们的习俗惯例，甚至家族感、故园感血肉相连，是引发情感的最佳触媒。一个国家的山川河流、林木花草、鸟兽鱼虫都是凝聚人民的重要力量。传统沉淀下来的那些符号引导人们去为了通常的目的而共同行动，革命也不可能消灭它们。革命如消灭了它们，社会就只能靠恐怖统治来维持了。17世纪的英国革命和18世纪的美国革命之所以成功，就在于它们没有触动社会生活的普遍结构，成功地利用从前社会的基本符号维持了社会。

但是一个社会要在它的众个体的奇异多样中顺利地运行，并不能只依靠死守一套固定的符号。若欲使共同体服从组成它的众个体，众个体也服从共同体，社会便应根据理性对旧有的那一套符号作出修改，否则难逃腐败乃至窒息而死的命运。

三

最后，要向本书的策划丛晓眉编辑和本书的责任编辑魏雪平先生致谢。他们的高瞻远瞩和严谨踏实的作风令人赞叹：真不愧为"商务"的编辑！能够和这样谦和而认真的编辑们合作，译者内心倍感温暖。

2023年9月13日于成都

目 录

理性的功能

- 3 引 言
- 4 第一章
- 28 第二章
- 47 第三章

符号的意义及效果

- 69 献 辞
- 70 前 言
- 71 第一章
- 71 第一节 符号的种类
- 72 第二节 符号与知觉

74 第三节 关于方法

75 第四节 符号易于导致错误

76 第五节 对符号使用的定义

77 第六节 作为活动的经验

78 第七节 语言

80 第八节 直接表象

83 第九节 知觉经验

84 第十节 知觉经验中的符号指称

85 第十一节 精神的和物质的

86 第十二节 感觉预料的作用以及直接表象里的空间

89 第十三节 客观化

93	**第二章**
93	第一节 休谟论因果效验
98	第二节 康德与因果效验
100	第三节 对因果效验的直接知觉
103	第四节 因果效验的原始性
108	第五节 诸知觉方式的交点
111	第六节 局部化
113	第七节 准确定义和重要性的对比
115	第八节 小结
116	**第三章 使用符号的诸方法**

理性的功能

引　言

　　历史揭示了事件流变过程中的两大主要趋势。一个趋势表现为物质自然的缓慢衰变。能量在暗中不可避免地衰减，活动的原动力渐次下降，它们的物质在消耗。另一个趋势则表现为每年大自然在春天里的更新，表现为生物进化的向上发展过程。本书探讨了理性与历史的这两个对比方面的关系，且认为，理性就是历史上创造性元素的自律。若无理性的作用，这一元素会不受约束地恣意狂奔。

第一章

本书探讨的题目——理性的功能——是哲学讨论中最古老的话题之一。在我们纷乱的精神经验中，在我们的直觉、情感、目的中，在我们决定何为重点的过程中，理性的功能是什么呢？要回答这样的问题，我们必须思考理性的性质，它的本质。诚然，这是一个陈旧的主题，对它的讨论可追溯到哲学思想的源头。然而，讨论这样根本性的问题，将它们置于被我们现代思想方式照亮的舞台，却正是哲学家的使命。

形形色色的用语就显现了蛛丝马迹，它们使人回想起人们对理性的真实功能进行定性时所发生的那些特别的争论：

> 信念与理性，理性与权威，理性与直觉，批判与想象，理性、作用、目的，科学方法论，哲学与科学，理性主义、怀疑主义、教条主义，理性与经验主义，实用主义。

这些用语中的每一个都暗示了理性的范围，以及该范围的局限。而且，这些用语中含有各种话题，这表明，我们不能指望，依靠一个准确的术语便可将我们的主题说透彻。

不过，尽管我提出了切忌用一个单一的用语来说明问题，开始时我还是要对理性的功能作一初步的定义。随着讨论的进行，这个定义会被阐明、会变形、会扩大。

理性的功能，就是提升生活之道。

在解释这一定义时，我必须反对"适者生存"这一术语所暗示的进化论的谬误。这一谬误不在于相信适者生存、不适者遭淘汰。事实就在我们眼前，显而易见。这一谬误就在于相信适于生存就等于生活之道的最佳表现。

事实上，生命本身是相对缺乏生存价值的。持续存在之道就是去死。只有无机物才能持续长久。一块岩石可持续存在 8 亿年；一棵树可活大约 1000 年，而一个人或一头象却只能活 50 年或 100 年；一只狗可活 12 年，昆虫却只能活大约一年。进化论学说提出的问题是：如何解释如此缺乏生存能力的复杂生物的进化过程。它们之所以出现，肯定不是因为在生存竞争中它们优于周围的岩石。用生物间的生存竞争来解释"物种起源"，这是可行的。但显然，这一竞争却一点也不能解释，何以会出现这样一种常见的生存力微弱的复杂生物。这一问题非任何教条所能解决，因为教条是单纯抽象思想的产物，它要阐释的是关于事物适应性的概念。欲解决这一问题，思想便应充分注意经验的证据，且注意该证据的完整性。

有生命的物种，其范围可谓大矣：从人类到所有的脊椎动物，到昆虫，到似乎只是细胞群集的、几乎没有组织的动物，再到形形色色的植物生命，直至最微细的生命形式。在更低端，严格区分生物和无机物便有些冒险了。考察物种的这一范围，有两种方式：一种是脱离时间的方式，它考虑的是表现了生命不同水平的物种类别；另一种则强调时间，考虑的是物种间的遗传关系。

后一种方式含有进化论的学说，认为物种和零星变异个体的消亡是由于不适应环境。这种解释有些道理：它是重要的科学概括之一。然而狂热者却过度使用了这一解释，用它来解释一切，结果到头来什么也解释不了。关于引起物种消亡的那一生存斗争的特点，我们说不上有什么明确的认识。这一术语犹如礼仪性重复的连祷[①]，对着消亡物种的化石吟诵。如果单是消亡这一事实便足以证明对环境的不适应，那么，这一解释便沦为了同义反复。生存斗争的学说，其重要性基于这样的假设：生物能以足够数量的健康后代繁衍自己，对环境的适应因而便是唯一的决定性因素。这一对多产

---

① 由主礼者和信众之间的应答组成的一种祈祷方式。（本书注释如无特别说明，均为译注）

和健康的双重假定，在具体情况中显然并不总是对的。马尔萨斯的这一学说有其局限性。

然而在进化过程中还有另一因素，适者生存的学说对此全然未能解释：何以进化的趋势一直是向上的？还有这些事实：有机物种是由物质的无机分布产生的；随着时间的推移，越发高级类型的有机物种进化出来了，进化论的适应环境的学说或生存斗争的学说对此也一点未能解释。

事实上，随着这一上升的趋势，还产生了一种逆向的关系：动物也逐渐地让环境适应自己。它们建立巢穴以及很复杂的群居地；海狸放倒树木，并在河上筑坝；昆虫对环境作出形形色色的反应，因而发展出高级的社群生活。

甚至动物更寻常的行为都是改变环境的活动。最简单的生物让它们的食物游向它们。较高级的动物则追逐它们的食物，抓住它，咀嚼它。它们通过这样的行为改变环境，使之符合自己的目的。有些动物挖掘寻食，另一些则追踪猎物。当然，所有的这些行为都可用通常的适应环境的学说来解释，但该说法却远未充分表达它们。在该说法的遮蔽之下，真实的事实极易逃离我们的视野。高级的生命形式忙于改变它们的环境。就人类而言，这一对环境的主动改造，是他生存中最显著的事实。

我现在要陈述这一论点：人对环境的这种主动的改造应以一种三重的欲望来解释：（1）活下去；（2）活得好；（3）活

得更好。事实上，生活之道首先在于活下去，然后是活得满意，再就是增加满意度。正是根据这一论点，我们必须重申理性的功能：理性的功能就是对生活之道的提升。理性的基本功能就是对改造环境这一行为进行指导。

这一结论等于是说，理性是经验中的一个因素，它对那一冲动，即欲成就在想象中已实现但尚未在事实上实现的那一目标，进行指导和批判。

以流行的生理学学说视之，这一说法全然是异端邪说。对于此前提到的那些更古老的讨论——信念与理性，理性与权威，等等——我原本该再加上一个：生理学和终极因果关系。加上了这一个，我们便把关于理性的讨论置于现代的背景下了。

事实上，现在摆在我们面前的是两种形成对比的思考理性的方式。或则，我们可视它为动物身体存在中的诸多活动之一；或则，我们可脱离动物的任何具体活动来思考它。据后一种思考方式，理性便是理论认识的活动。在理论认识的过程中，宇宙，或至少其中的因素，被理解为具有这样的特点，即它们能作为例子来说明某一理论体系。理性意识到，可能存在着某种复杂形式的确定性。同时，它如此地理解世界：世界中的每一个因素都可作为例子来说明那种形式的确定性。

旧时的争论主要与后一种思考理性的方式有关。照那些争论者看来，理性具有上帝般的能力，可调查、判断、理解。在新的争论中，理性却被理解为包含在纷乱过程中的众多活动之一。显然，如果要使理论理性满足于自己的地位，两种观点就应结合起来。但由于人们未能调和这两种观点，总是在它们之间摇摆不定，于是便造成了极大的混乱。人们或则声称理性高居世界之上，或则说理性不过是世界众多因素之一。希腊人遗传给我们两个人物，他们的真实生活或虚构生活与这两个概念相符。他们就是柏拉图和尤利西斯。一个与众神分享理性，另一个则与狐狸分享理性。

我们可通过思考终极因果关系概念与动物身体行为的相关性，将关于理性这两个方面的讨论结合起来。那样一来我们就会看到，理论理性和实践理性实际上在人的头脑中是如何发挥作用的。那些表达他们实验室共同意见的生理学家几乎一致地告诉我们，不应允许任何关于终极因的想法侵入生理科学。在这方面，生理学家与科学时代初期的弗朗西斯·培根意见是一致的，也与所有自然科学的实践是一致的。

这一对终极因果关系的反对，似乎执有压倒性的证据。不过后来我们才忆起，这样的证据，其力量、其特点，全然同于当初导致古代世界的智识阶层反对基督教世界观的那些证据，全然同于导致学术界反对16、17世纪新兴科学的那些证据。我们必须记住理性的两个方面：柏拉图的理性和尤利西斯的理性,即追求完全理解的理性和追求行动的直接方法的理性。

就科学的方法论而言,科学家无疑一直都是对的。但我们必须对这两者进行区分:一是科学家在选择自己的方法时对自己的意见所提供的证据,二是科学家根据理解所作的判断的可信度。只要对自然科学史略加考察就会明白,当前的科学意见在前一种情况下几乎都正确无误,而在后一种情况下却总是错误的。一个人的方法若只适于他所主要关心的目的,那么,就其更广泛的判断而言,即如何将这一方法与更全面的经验协调起来,这样的人就是一个有缺陷的人。牧师与科学家,政治家与商人,哲学家与数学家,在这点上都极其相似。最初,我们都是经验主义者。但我们的经验主义却局限于我们直接关心的事情。我们越是清楚地理解了那一理智的分析——它分析了为了所关心的那些事情而规范程序的方法——我们便会更坚定地排除那些拒绝立即与我们面前的方法和谐一致的证据。人类的一些主要灾难,正是由于具有一套好方法的人头脑褊狭而产生的。尤利西斯对于柏拉图毫无用处,他的同伴们的遗骨散落在礁石和荒岛上。

这里所说的具体学说就是:构成动物身体活动的那些物质和能量,在转化的过程中,人们只能识别出那些支配无机物质活动的原理。关于主要的生理事实,绝无争论可言。人们迄今为止并未观察到构成动物身体的诸材料成分之间的任何反应，违背了适于无机材料行为的任何物理和化学的规律。但这个说法远不等于说，那些材料成分中不含有任何额外的原理。这两种说法只是在这点上是相同的，即它们都假设：一定的物理原理足以确定每一物体的具体活动。

如果涉及诸如能量守恒、化学反应那样的原理，情况就显然不是那么回事。人们常常认为，甚至能量守恒这一条规律就可毫不含糊地决定它所适用的活动。很难理解，这种毫无根据的想法当初是如何出现的。

但我希望人们注意的一点是：大量的证据居于生理学的方法之外，而在流行的科学学说中，这些证据径直就被忽略了。人类事务如何运行，全然取决于我们如何认识决定目的的预见，以及化为行为的目的。几乎我们所说的每一个句子，我们所做的每一个判断，都要以我们对生活中的这一元素的可靠经验为前提。证据众多，如此势不可挡，信仰如此不可置疑，语言的证据又如此斩钉截铁，乃至要证明它真不知从何下手。比如，当我们谈及一位政治家或一家商业公司的政策时，取消了终极因果关系的概念，"政策"一语便失去了意义。正如我写这份演讲稿，就是意图在普林斯顿大学来讲演它。取消了终极因果关系的概念，这一"意图"就没有意义了。再来想想战舰犹他号环绕南美大陆的航行。首先考虑战舰本身。人们要我们相信，是原子、铁、氮以及其他的化学元素聚合成了该战舰，聚合成了它的装甲、它的枪炮、它的发动机、它的弹药、它的食物储备——这一聚合纯粹是物理规律的结果，它们与致使海浪无目的地拍打缅因州海岸的那些规律并无不同。每一次拍打与另一次拍打同样都是无目的的。造船工的活动不过类似于海滨卵石的滚动。

现在我们继续想想该战舰的航行（仍然以正统的生理学学说为前提）。美国当选总统与此事毫不相关。他的那些与南美政策有关的意图，他对世界的善意，都是离题的，都是些毫不相干的东西。他的身体的运动，以及水手们身体的运动，同造船工身体的运动一样，都全然受制于那些致使石头沿斜面滚动、致使水沸腾的物理规律。这样的想法何其荒唐！

当然人们会告诉我们，他们无意将这一学说应用于人的行为。然而，身体的运动却是生理的作用。如果后者是盲目的，那么身体的运动也是盲目的。再则，人也是动物。因此，整个关于进化的争论肯定都是关于生理作用的。

再者，我们也被告知，我们应历史地看待物质。人类从最低级的生命形式逐渐发展而来，因而应该用适于所有生命形式的方式来解释。然而，何以应通过与早期生命形式的类比来解释晚期生命形式呢？为何不能反向进行呢？让每一个生物物种都以自己的方式来展现内在于生物的那些因素，这似乎更合情理、更符合经验。

我不必继续此讨论了。情况清楚，犯不着啰唆赘言。然而，生理学家的身体受过训练，于是，在那些与他们那一套成功的方法合拍的思想的影响下，他们便全然罔顾大量不利于他们的证据。我们这里的这个例子非常显著，说明反经验主义的教条主义如何来自一套成功的方法。该方法之外的证据，他们简直就不当回事。

当然，人们也提醒我们，他们之所以忽略这样的证据，是因为它不在科学的那一套方法的范围之内。该方法就是要追踪物理和化学的原理在所有生理活动中的持续效用。

我们承认这一方法的辉煌成就。但你不能因为主动改造环境的方法而限制一个问题。这问题就是要理解动物身体的种种活动。有明显的证据表明，某些动物身体的某些活动，取决于对目标的预见以及达到目标的决心。有人因为其他的活动都是根据物理和化学规律解释的，因而罔顾这一证据，这不是解决该问题的办法。有人甚至不承认该问题的存在，激烈地否认之。很多科学家耐心地设计出实验，仅仅是**为了**证实这一信念：动物的活动并非为目的所推动。他也许在业余时间写过文章证明：人同其他动物是一样的，所以"目的"就是一个与解释他们身体活动（包括他自己的活动）无关的范畴。科学家们要证明自己是无目的的，却被自己要证明此事的这一目的弄得兴奋起来，这些人真是一个值得研究的有趣课题。

排除终极因果关系的又一个理由是：它引入了一种危险

的简单解释模式。此话当然不假。轻松地提出一个终极因，确实会妨碍人对已往物理事件中的规律进行艰苦卓绝的探究。然而，尽管引入终极因果关系的概念自有其危险，这一事实却不能成为罔顾一个真实问题的理由。即便头脑无力，问题却依然存在。

基督教神职人员常常对被视为有碍信仰和道德的新颖见解提出同样的反对意见。科学界强烈反对这种限制对证据进行自由思考的做法。然而，在固守自己的成见时，科学家与神职人员的做法却并无二致。田纳西州的生理学家和立法机构展现出了人的同样的行为准则。事实上，各种类型的人在这点上都处于同一水平。除非我们懂得诱使我们如此的根本原因，否则我们便永不能长进。

源自低层的理性，其演进从来都是全然务实性的，预见的范围很小。人们之所以从理性那里获得了原始的根深蒂固的满意感，即一种出自远古遗传的满意感，是因为他们竭力弄清了某一规范当前实践的方法。方法奏效了，于是理性满意了。不存在超出该方法范围的任何兴趣。这后一说法确实显得太狭隘了。存在着把好奇心限制在该范围之内的积极兴趣。该兴趣的任何失败，都会引起情感上的不快。这样一来，经验主义便逐渐消失了。

更广泛的研究若要有最佳机会，就也应表现出有望采用更广泛的方法。有时，主导的方法已是强弩之末，显现出衰飒的迹象。一套方法不再研究主要的问题,这就是它已呈颓唐之势的主要证据。最后它会表现为在枝节问题上纠缠不休。

每一套方法都自有其生命史。它最初表现为一种诀窍,为的是促成某一新生的生命欲望的实现。在其鼎盛时期,它表现为思想与行动的广泛协调,由于这一协调,该欲望表现为对存在的极大满足。最后,它进入了倦怠的老年期,也就是它的第二个儿童期。凡可在该方法范围内获知的较大的对比,已被探索殆尽,为人熟知。单调的重复已使人逐渐失去兴趣,于是生命便面临决定其命运的最后选择。

这些最后的选择出自我业已提到过的那一三重欲望的特点:活下去,活得好,活得更好。一套方法的产生,在本质上就是发现了活下去的诀窍。在其鼎盛时期,它满足了造就美好生活的直接条件。但美好生活是不稳定的,疲劳定律势不可挡。当任何一套生活的方法穷尽了它范围内的新颖性,难以为继而产生疲劳时,一个最终的决定就会决定一个物种的命运。它或则稳定自己,回归原状以求生存;或则挣脱束缚获得解放,冒险以求更好的生活。

在后一种情况中,物种会抓住某一套新兴的方法;该方法隐藏在纷乱的经验中,且又超越旧有的主导方法的范围。如果选择得当,演化便呈向上趋势;如果选择不当,随着时间的流逝,一个种族就会悄然湮灭。

选择恰当，新的方法很快达于极致。于是便有了一种新形式的美好生活，它能持续多久，取决于它那井然有序的范围内所包含的对比的多样性。总的说来，证据表明，一套新兴的方法演化到相对长的中间阶段，是颇有些迅速的。

在前一种情况中，当物种拒绝冒险，便会退回到业已被证明仅仅是为了活下去的生活习惯中。最初的方法现在进入了漫长的老年阶段，好活沦为苟活。各种新鲜性业已丧失，物种仅靠因循成规的盲目欲望而活着。最低形式的理性，其实质是对闪现的新颖性的判断；所谓闪现的新颖性，就是被立即意识到的、仅与欲望相关而尚未与行动相关的新颖性。稳定的生活中并无理性存在的空间，那一套方法已从新颖沦为重复。理性是强调新颖性的器官。它提供判断，通过判断它始而确定目的，继而实现事实。

生活之枯燥，实则是追求新颖对比的欲望受挫而引起的疲劳。在人的天性中，我们发现三种可确保稳定的方法。它们可称为：盲目法，律动法，瞬变法。这些方法并不互相排斥。事实上，律动法似乎渗透于整个生活。但盲目法似乎将瞬变法化为不必，瞬变法又减少了盲目性。所有这三种方法似乎都存在于只求生存的稳定古老时期，但盲目性和瞬变性似乎互为反比。

盲目法意味着回归原状。这一向原状的回归，打消了新颖欲望的那些闪念；而当初正是那些闪念构成了升华到现有复杂生活层次的方法。事实上，这些闪念就是属于这一层次本身的。它们是生动的新颖享受中的元素。然而，上升的阶梯此刻已被抛弃；新颖之处以及它们所得到的合理强调已被排除。所获得的复杂性是在低层次的行动过程中经历的，那些行动在层次上低于获得该复杂性时的那些行动。上升的趋势已失，已有了某种低层次的稳定，或渐次的回归原状。感受生动性的那一器官，也是感受新颖性的器官和感受疲劳的器官，至此已衰老萎缩。

瞬变法的意思是，保护物种，使个体免遭疲劳，以使个体不致短命。瞬变法实际上是一种盲目法：它诱使新颖的个体去盲目地面对老一轮的经验。

律动法渗透于整个生活，实际上渗透于整个物质存在。这一共同的律动原则，说明了我们何以会相信：生活的根本原则以某种低级的形式表现在各类物质存在中。通过律动法，一轮经验（它形成了一个明确的对比系列，可在一个确定的方法内获得）得到了整理，于是，一轮那样的经验的末尾，就正是另一轮那样的经验的初始阶段。那样的一轮经验是如此的：它自身的完成就为它自己的重复创造了条件。它消除了重复任何一部分时随之而来的疲劳。只有具有一定强烈程度的物理记忆，才可能将整轮经验产生的疲劳聚集在一起。如果每一轮经验本身都是自我修复的，那么，因重复而产生的疲劳就需要对过去绵延的经验进行高层次的协调方能消除。

在人的经验的层次上，我们确实发现了单纯地重复经验周期所造成的疲劳。再次消除疲劳的方法以这样的形式出现了：保存经验周期的根本抽象结构，将它与后续周期的具体变异细节结合起来。这一方法在音乐和视觉艺术中尤其得到了体现。该方法当然能够极大地阐释细节的复杂性。因此，生活的律动不应只在简单的周期性再现中去寻找。周期元素被驱入了基础之中，于是，周期的，以及周期所构成的周期的各种变异，得到了阐释。

我们在这里发现了采用某一方法的最明显的例子。通过欣赏该方法范围里的对比，人们获得了美好的生活。我们以此为例说明了欲望如何在一个秩序框架里发挥作用。理性在此处发现了自己的用武之地，即指导那一向上的趋势。理性以其最低级的形式强调，在某种令人耳目一新的新颖东西之后，应有概念的把握。然后，它便是没有了抽象思想建设性范围的理性。它的作用不过就是个简单的直接判断，把概念化的闪念提升成一个实际的欲望，一个实际的欲望提升成实现了的事实。

"疲劳"与理性是相对的。疲劳的作用挫败了理性那追求上升趋势的原始特点。疲劳的作用，就是排除追求新颖的那种冲动。它使得生命没有机会直接进入那一它可自我发现的阶段。那一阶段是靠抓住机会而达到的。一种方法，当其在不超越自身的情况下利用好了机会，就算是获得了全胜。单纯地重复会阻碍机会。惯性地依赖理性只会产生一轮轮重复的变化，不会有新颖的东西来缓解它。理性的冲动一旦遭到这种惯性的阻碍，便会化为疲劳。当这一受到阻碍的冲动最终消失，生命，就其表面的作用而言，还维持在它原来的阶段。但它已失去了它当初达到那一阶段时的那种冲动，那一冲动是该阶段中的原始成分。于是它便随时回归原状，回到单调的重复生活，只图活下去，不考虑活得好，更不考虑活得更好。这一静态生活的阶段从未真正达于稳定。它表现为一种缓慢而长期的衰败，机体的形式由复杂逐渐沦为简单。

我们在对动物生命中理性的原始作用进行普遍描述时，一直都在将这两者进行类比：一者是自有其独立组织的生命体，一者是作为一个整体的物质宇宙的独立的物理组织。物质宇宙一直含有也许现在仍含有某种驱使其能量上扬的神秘冲动。这一冲动的普遍作用被遮蔽起来了，我们观察不到。但是肯定曾有过一个时期，其中主要的趋势就是形成质子、电子、分子、恒星。今天，根据我们的观察，它们正在衰变。通过我们的个人经验，我们对动物身体所知更多。在动物身体中，我们能观察到向上趋势的欲望，理性在其中发挥着选择的作用。在普遍的物质宇宙中，我们无法直接知道宇宙是通过什么相应的作用而达到它目前可用能量的阶段的。但确实存在着能量的聚合，它们表现为质子、电子、分子、宇宙尘埃、恒星，以及行星等形式。无论物理秩序的规模多大，它看起来总是有限的，也是以有限的速度在消耗着。无论时间的周期何等长，纯粹的消耗肯定是有起点的，也肯定是有终点的。从"无"，只可产生"无"。

由于人们只是用纯粹物理相互联系的效验因果关系来解释宇宙，宇宙便表现出一种十足的不可解决的矛盾。生理学家的正统学说要求，生命体的作用只能根据由物理范畴构成的物理规律来解释。每当面对经验事实时，这一自我封闭的体系不自损其逻辑便无法将它们包括在内。这个物质宇宙，倘以纯粹物理规律来看待它的作用，或每当用那些规律说不通时便忽略之，那么对它进行了普遍考察后使我们警醒的便是：我们排除了某种普遍的反作用。这一反作用，其影响遍布整个物质宇宙，浩瀚无涯，非我们的直接观察所能及。人类进步到一定程度，我们可能会获得那样的能力。但目前，我们探索这个物质宇宙时，尚未发现任何可直接觉察的迹象，表明可能存在着犹如正在消耗着的有限机体那样的反作用。

所以，正统的生理学说有这样一个缺点：它的解释全然依据物理体系，而那个体系在其内部却并不是一致的。

正如我们业已看到的，动物身体中存在着明显的证据，证明活动受到目的的指导。因此，很自然地我们就要推翻这一类比，并论证：某种低级的、分散形式的理性作用构成了那一致使物质宇宙形成的浩瀚而分散的反作用。这一结论等于是否定了强行将终极因果关系从我们的宇宙论中排除的那一做法。对目的的否定，可追溯到17世纪初的弗朗西斯·培根。作为一种方法论的手段，它无疑是一种成功，只要我们把注意力局限在某些有限的领域。

只要我们承认终极因果关系的范畴，我们就能始终如一地定义理性的原始功能。这一功能就是建成、强调、批判终极因以及针对终极因的那些目的的力量。

实用主义的学说肯定会接受这一定义。实用主义脱离了终极因果关系便将化为胡言乱语，这是显而易见的事。因为一种学说除非被人实践，否则便永不会受到检验。脱离了这一原始的功能，理性的存在就毫无目的可言，它的起源也无法解释。如果人的理性活动一直对人的身体行为毫无影响，在进化的过程中这一趋势何以会发生在人身上？这一点是明白无误的：目的无效，则理性不可解释。

正因为如此，原始的生理学说在最初的时候才必须接受考察。这一考察使得人们分清了什么是科学在确定它的那一套方法时的权威性，什么是科学在确定解释的终极范畴时的权威性。于是这使我们想到，执有一套有用方法的人，自然就会反对可能会局限那一套方法范围的任何证据。科学常有言过其实之弊，所以，仅在狭隘范围内正确的结论常被武断地赋予谬误的普遍性。

理性的这一实用功能有助于动物演化的上升趋势。然而，上升趋势的学说同样需要在纯物理性质的宇宙中获得解释。我们的科学所总结的物理学公式展示了一个处于耗散过程的有限宇宙。我们需要一种反作用来解释，存在着一个在有限时间内处于耗散状态的宇宙。动物身体的例子表明，将终极因果关系决然地排除出我们的解释范畴，一直都是谬误的。一种令人满意的宇宙论应解释效验因果关系和终极因果关系的交织作用。如果我们关于两种因果关系的学说表现为只是用一种因果关系的介入来限制另一种因果关系的范围，那么，那样的宇宙论就显然仍是一种武断的解释。我们所要的是这样一个对事物形而上性质的解释：一切可被效验因果关系决定的事物，就那样被决定；一切可被终极因果关系决定的事物，就那样被决定。这两个作用范围应相互交织、相互要求。但任何一个都不应任意限制另一种模式的范围。

同时，我们发现，理性的短程功能，具有尤利西斯的特点，这样的理性要批判和强调作为终极因果关系动因的本质上的从属目的。这便是有实用作用的理性。

理性的这一功能实际上体现了这一冲动：它要把简单地活下去转变为活得好，把活得好转变为活得更好。

但如果我们考察自然宇宙，静静地活下去，伴之以缓慢的衰退，似乎才是一般规律。上升趋势的例子表现为零星的少见情况。于是，经验呈现给我们的普遍事实，似乎就是少量的东西趋于上升，与之结合的是，构成上升基础的那一古老普遍物理秩序的缓慢下滑。

这一经验事实构成了最深不可测的、无法解决的神秘之事。

意识到这两种趋势在发生作用后，我们不可避免地就会问，我们应如何想象事物的性质，才能将这一双重特点包括在其中。我们都忆起柏格森的关于生命冲动且又复归物质的学说。关于向上和向下的这一双重趋势在柏格森这里得到了清楚的说明。但我们从中却并未获得任何解释性的洞见。已往的关于单个实体具有固有性质的学说，一点也不能说明生命何以有这一双重性。但世界上却存在着另一明显的二元性，它是每一宇宙论首要考虑的：身和心的二元性。如果我们遵循笛卡尔的学说，根据实体的概念来表达这一二元性，我们便得到物质实体和精神实体的概念。根据这一理论，物质实体是空洞的存在，它们只是事实，无任何内在价值。不可能给出本质意义上的任何理由来说明，它们为何存在，或为何持续，或为何停止存在。笛卡尔告诉我们，它们是由上帝维持的，却又未提出任何理由来说明上帝为何要费心如此干。这种关于虚无实体存在的观点，提不出任何解释性的洞见。排斥终极因果关系的运动，由于弄得效验因果关系同样也无法解释，于是便终止了。为了支配他的"身"，笛卡尔只好求助于上帝。向上向下的两个趋势不可能分开，它们是共同存在的。另外，笛卡尔将身心截然分开，也是对经验事实的误读。

除非我们废除这一关于无价值的空虚存在的概念，否则我们便永不能阐明一种解释性的形而上学。空虚是抽象概念的特点，它被错误地引入了终极实在物，即实际物的概念中。共相和命题是空虚的，但它们不是实际物。但如果我们抛弃关于空虚存在的概念，我们就必须把每一实际物想象成是在达到自己的某个目的。它的存在正是为了它自己的目的而把它的很多构成成分呈现给自己。换言之，一个实际物就是一个复杂的统一体，它可以被分解成一个感受自己构成成分的过程。这就是那样的一种学说，它认为，每一实际物都是一个经验事态，都是它自己目的的产物。

现在我来探究寻求解释的普通科学方法。找到了一个例子，它说明了宇宙中根本的二元性，即退化的和向上的物理趋势，这之后我便来列举其他的基本二元性，希望把它们结合成一个逻辑连贯的概念，用该概念它们可相互解释。然后我们就必须问，我们如何能把向上向下的趋势，把身和心，解释成经验性质中不可或缺的协调的二元。身体经验不过是物理经验。那样的经验不过是最终享受到明确地成为某物。它对自己的定义是这样的：它把自己构成了一个其他事物中的，即其他实际物和精选的明确性形式中的，纯粹事实。物理经验实际上正是享受给予该事态的那些东西。物理经验中的每一构成成分都在纯粹的事实中发挥自己的作用。

然而每一个经验事态都是双极的，是精神经验与物质经验的结合。精神经验是身体经验的对立面。它与任何具体的物质经验都无联系，就这点而言，它是对明确性形式的经验；不过，对于它所能贡献给物质经验的东西，它却有抽象的评价。意识不一定是精神经验中成分。精神经验的最低形式就是一种盲目的冲动，它追求某一经验形式，也就是说，追求某种形式来实现自己。这些明确的形式就是柏拉图的形式、柏拉图的理念、中世纪的共相。

实质上，精神就是追求某种空虚明确性的冲动，就是欲把该明确性包括在非空虚享受的事实中的那种冲动。这一冲动是欲望，它是情感性的目的：它是作用。同物质性的享受一样，精神并不是空虚的，但它却把形式的纯粹空虚性带入经验的实现过程中。在物质经验中，形式是定义因素；在精神经验中，形式把直接的事态和超越直接的事态联系起来。直接事实与未来的这一联系，存在于精神经验的欲望之中。

只有当精神经验和物质经验有了复杂的结合和再结合时，才会出现更高形式的理智经验。理性于是作为一种对欲望的批判出现了。它是一种次级类型的精神，是众欲望之欲望。

精神经验是产生新颖性的器官，是超越的冲动。它着意要用吸引人的新颖性，将大量重复性的物理事实化为生动。因此，精神经验中含有一种不守秩序的因素。我们之所以懂得秩序，正是因为我们自己经验的深处有一种反秩序的对比成分。

但纯粹的反秩序却意味着经验的虚无。我们喜欢我们自己多样性中的对比，是因为秩序要消除单纯差异性的不相容性。因此，精神经验本身必须被导向秩序。

最低形式的精神经验，被引导为奴性的循规蹈矩。它只是那种服从既定事实的欲望，或出自既定事实的欲望。沙漠里那被迫忍受的干渴不过是难以忍受的干涸所引起的冲动。这种最低形式的盲目服从在自然中触处皆是。与其说它是精神本身，还不如说它是精神的一种能力。但它确实是精神。这种卑下形式的精神，避不开任何困难，不能开辟任何新的道路，对物理事实那重复性的特点不能造成任何干扰。它无力挽救自然，使之免于最终的退化。它堕落成了效验因果关系中的参与者之一。

然而当精神在高层次上发挥作用时，它便将新颖带入精神经验的欲望中。这样的作用中便含有纯粹反秩序的成分。但此刻的精神已能自我调节。它以自己的判断来引导自己的行动。它引入了一种更高级的欲望，这种欲望能在它自己的反秩序行为中进行区分。于是理性出现了。正是如此被构想的理性，才是我们这一讨论的主题。我们必须考虑引进反秩序、反对反秩序、利用反秩序，以及规范反秩序等问题。理性使反秩序的野蛮欲望文明化。没有反秩序的欲望，自然注定要逐渐坠入虚无。单纯重复性经验会逐渐消除一个一个的成分，归于空虚。单纯的反秩序欲望也会很快地达到同一结果，即重复性经验缓慢达到的那一结果。理性是那一经过训导的、拯救世界的反作用在我们内心的特别体现。

第二章

在前一章，我们区分了理性功能的两个方面。理性功能的一个方面是实践性的。正是由于理性的这一作用，才有了方法的零星发现和澄清。通过这种方式，理性不仅阐述了一套方法，而且还把那一套方法范围内可能发生的详细作用提升到意识经验的层面。在这方面，理性是对目的的启发。在一定限度内，它将目的变得有效。再者，当它把目的变得有效后，它便实现了自己的功能，然后满足地坠入沉睡，因为它已完成了它的任务。理性作用的这方面与关于尤利西斯的传说有关。

理性功能的另一方面与柏拉图的毕生事业相关。理性的这一功能高居世界的实际任务之上。它与活下去无关。它以非功利的好奇心追求对世界的理解。天下事，无一不是它欲知的对象。驱动它前行的是这一终极信念：每一桩具体事实都可理解为一个例子，它说明了关于自身性质、关于它在其他具体事实中的地位的那些普遍原则。理解获得了,理性的功能便实现了。理性的唯一满足是:经验被理解了。它对生活怀抱着理想,力图以理解之美好来造就生活之美好。同时,只要理解不完全,它便在那种程度上维持着不满足。它于是便有了将生活由好变为更好的冲动。但它所追求的进步总是朝向更好理解的进步。这便是那种无功利的好奇心的冲动。理性的这一功能只服务于自己。这是它自己最重要的兴趣,这一兴趣不会因为出自其他主要兴趣——它也许正在培养它们——的动机而偏离方向。这便是思辨的理性。

人们在道德上强烈地直觉到,思辨理性本身就是美好生活中的基本要素之一。人们之所以强烈地要求思想自由,其起因正在于此。这一直觉不同于某些其他的道德感,它并不普及。对于大多数的人,它只是微弱地闪现。但通过那些受人衷心尊崇的杰出人士,它却一代又一代地传承下来。同时,理性与权威的常年斗争,也由于渗入了这一终极道德诉求的情绪,而略显严酷。

所罗门之梦的整个故事表明,理性的两种功能之间的对立似乎并不像一瞥之下那么尖锐。思辨的理性使得理论的理解积累起来,在关键时候它能导致向新方法的过渡。而实践理解的诸发现,则为思辨理性的成功提供了必要的原始材料。然而,纵然充分考虑到了这两种功能的交互作用,被某一外部主导利益的目的所支配的理性作用,与出自理性作用本身的那一直接满足之情所支配的理性作用，这二者仍有根本的区别。比如，诚实，作为一个人自尊中的成分，就出自对理性本身的一种尊崇。而诚实作为幸福生活通常所必要的一个诀窍，它所依赖的理性的概念，却是服务于外部目的的。有时，诚实的这两个理由相互对立。也有可能发生这样的情况：基于后一理由（即直接采取诚实或放弃诚实的理由）的道德问题，也许优于基于前一理由的那些道德问题。但要点在于，这两个诚实的理由证明了理性的两个功能。

实践理性的历史要追溯到人类所源自的动物生命。如果算上那些引导着方法缓慢发展的微弱而零星的智慧闪现，这一历史的时间长度会以百万年计。对物种的考察似乎表明，习惯的方法很快就占了上风，使得那种进步的闪现化为不必。如此一来，习惯便取代了可能超越它的任何思想踪迹。物种便坠入了一种静止的阶段，在该阶段，思想之流受制于习惯之岸。

思辨理性的历史则要短得多。它属于文明史，时间跨度约为6000年。但那些使得思辨理性显现出其至高重要性的发现，却是希腊人作出的。他们对数学和逻辑的发现为思辨介绍了方法。于是理性便被一种客观的测试和一种进步的方法武装了起来。这样一来，理性便自由了，不再仅仅依赖神秘的想象和想象的启示了。它的演化的方法出自自己。它不再产生一系列仅仅是互不相关的判断。它产生体系，而不是灵感。以希腊方法武装起来的思辨理性,其历史只比2000年早几个世纪。

若把现代阶段的思辨理性全然归于希腊人,那也未免夸大其词了。伟大的亚洲文明——印度文明和中国文明,也产生了同一方法的变体。但这些变体无一获得希腊方法那样完美的技术。他们处理思辨理性的方式对于抽象的宗教思辨、哲学思辨有效,但对于自然科学和数学却无能为力。希腊人则创造了思辨训练的完美工具。

然而,如果我们把亚洲的那些预想也算在内,我们则可说,人类对思辨理性的有效利用已大约有3000年之久。这一短时期构成了人类的现代史。在这个时期,产生了所有伟大的宗教、伟大的理性哲学、伟大的科学。人的内在生活转变了。

然而,直到150年以前,思辨理性对技术和艺术的影响都是微乎其微的。我们有证据说,总的说来,在现代时期内,艺术没有任何进步,在有些方面甚至衰退了。考虑到现代音乐的勃兴,我们可能会反对那种认为艺术普遍衰退的理论。但总的说来,作为艺术家,我们显然没有超越公元前1000年的那些人,甚至达到他们的水平与否都值得怀疑。我们似乎对艺术关心较少。也许是因为我们有更多的东西要思考,以至于无暇去陶冶我们的审美冲动。

最近的3000年里,技术肯定进步了。但是,直到最近的时期，我们才不难察觉思辨理性对这一进步的影响。但这一影响似乎并未使进步加快多少。比如，18世纪欧洲的技术，较之罗马帝国鼎盛时期的技术，就只有少许的进步。甚至与古典文明这一鼎盛时期之前的2000年相比，技术的进步似乎也没有大多少。

在过去的150年里，技术取得了巨大的进步，这是因为思辨的理性和实践的理性终于联系起来了。思辨理性将它的理论活动，实践理性将它的那些方法，应用于处理形形色色的事实。理性的这两个功能都获得了力量。思辨的理性获得了内容，即施展其理论活动的材料；有条理的实践理性则获得了理论的洞见，那些洞见超越了眼前关注的问题。应该说，我们已经站在了门槛上，即将进入人类生命价值全面进步的境界。

不过，这样乐观的说法应有所节制。辉煌时代的曙光仍然被人性中顽固的蒙昧主义遮蔽。蒙昧主义根深蒂固，已有数百万年之久。它习惯性地抵制新近思辨习惯对它的刻板方法的干扰。这一蒙昧主义深植于人性之中，胜过人们关注的任何具体问题。无论是在科学家中，抑或是神职人员、从业者、生意人，或任何其他阶层中，它都同样顽固。蒙昧主义拒绝对传统方法的局限进行自由的思辨。不仅如此，它还否认那种思辨的重要性，坚持认为那种思辨随时会有危险。几代人以前，神职人员，或者更准确地说，大部分神职人员，是蒙昧主义的典型代表。今天，他们的位置被科学家取代了，科学家们——

> 凭实力登上了高位，意气洋洋。①

任何一代蒙昧主义者都主要是由一套主导方法的大部分实施者构成的。今天，科学方法已成主导，于是科学家便成了蒙昧主义者。

为了理解我们今天所处的形势，我们应注意，在16、17世纪，西欧知识界继承了大约5个世纪活跃的思辨活动的成果。当时，有些人希望获得一个一锤定音的终极思辨第一原则，这一错误的期待遮蔽了这个思辨时代的巨大成功。由于保存手稿的手段渐趋完善，达到了旧时代新生文明所不能享有的那种程度，思辨的这一酵素就能利用随罗马帝国衰亡而结束的那些早期古典思辨的思想，无论是异教的或基督教的。这一优势也伴随着劣势。中世纪的运动太学究气。它形成了一个封闭的体系，据此来看待其他民族的思想。这样一来，中世纪的哲学（甚至现代哲学），由于对自然的丰饶性以及相应的思想的丰饶性理解不足，便未能发挥一个思辨理性学科的效用。经院哲学家自我封闭，以一套狭隘的概念

---

① 语出弥尔顿《失乐园》，第二卷，第5行（朱维之译）。

构建体系。体系倒是巧妙地建立起来了,他们也确实是建筑的奇才,但较之他们的哲学所思考的概念,天上地下却有更多的概念!

然而,即便承认了经院哲学的这些缺点,它的成功仍然是巨大的。它为历史上最快的进步时期之一奠定了理性的基础。只要把9、10世纪的人(即便是最有能力的人)的微弱的理性,与13世纪的理性群体作一比较,就可明白这一进步何其大。这并不仅仅是因为,早期的人所知较少,还因为他们在本质上更不善于把不同的普遍概念联系起来。他们分不清哪些是次要的细枝末节,哪些是主要的概念。追求深刻思想的那种能力,即便它尚未形成一套方法,也构成了理性的进步力量。伟大的希腊人的这一本领达到了不可思议的程度。13世纪的人有这个本领,10世纪的人却没有。这之间有3个世纪的思辨哲学。这段历史在亨利·奥斯本·泰勒的《中世纪思想》一书中有完美的叙述。经院哲学所贡献于欧洲世界的,就是处理观念时的那种深刻性。

一切事物都在一定的界限内发挥作用。这条规律甚至适于思辨理性。对一个文明的理解就是对它的界限的理解。从13世纪到17世纪的那几代人,他们思想所能达到的深度,就在经院哲学所提供的那些观念的界限之内。与其说这5个世纪代表了一个理性生长的时期,还不如说它代表了一个兴趣开拓的时期。经院哲学穷尽了它的可能性。它提供了基本观念的资本，它同时又使人感到厌倦，因为它想通过思考那些观念来努力提供一种终极的教条体系。新的兴趣暗中出现了，初时缓慢爬行，最后疾如雪崩，涌现出希腊文学、希腊艺术、希腊数学、希腊科学。文艺复兴人的治学之道较经院哲学家的更轻松。他们将学问与直接经验的乐趣熔铸为一体。于是古代的又一秘密被发现了。此秘密从未湮灭，但却遗憾地只局限于中世纪的智识阶层。这一秘密就是独立研究的习惯，观察的习惯。

这产生的第一个后果就是困惑。14和15世纪留下了更多的启蒙的印记，但智能却不如13世纪。在某种意义上，它在智能方面似乎倒退到了10世纪。就智识兴趣而言，有一种茫然无措的人在黑暗中摸索的感觉。文艺复兴早期的人似乎从不清楚，他们应该献祭公鸡，或应该庆祝弥撒。[①] 为了妥协，他们两者都做。

但这一类比太肤浅了。中世纪的遗产其实从未丢失。开初茫然了一段时间后，文艺复兴人便有洞见在学界崭露头角。16、17世纪的人建立起了形形色色的现代科学，自然科学和道德科学，它们的第一原则是用伟大的经院哲学家一

---

① 苏格拉底临死时说："我们必须向阿斯克勒庇俄斯献祭一只公鸡。"苏格拉底把生视为病，把死视为病愈。病愈了，故要向医神阿斯克勒庇俄斯献祭一只公鸡，以示庆祝。

瞥之下便能懂得的那些术语来表达的。

现代科学的奠基者们没有意识到他们欠中世纪人的情，这是因为他们不知道，人可用任何其他术语来思考，或者，人若无洞察力，根本就不能思考。伽利略和他的对手"亚里士多德派"属于对立的学派，但他们却使用同一思想储备，在处理那些思想时他们的洞察力也不相上下。重铸中世纪思想，为现代科学打下基础，这是世界上重大的理智胜利之一。这项工作主要是在17世纪完成的，不过，如果算上所有的科学，整个过程则花费了两三个世纪。然而，在庆祝这一胜利时，如果忘记了前几个世纪的学术准备，那就未免太忘恩负义了。

在思辨理性冲动，即渴求解释性知识的欲望的驱使下，科学发展了。直到1769年先进的蒸汽机的发明，它对于技术的反作用才显现出来。即便在19世纪，虽然这一反作用尚未成为主导事实之一，社会也很好地发展起来了。当然，科学工具发明出来了，诸如电话、显微镜，以及温度计，等等。也可看到科学在技术程序上的一些微小反作用。但工具主要用于科学的目的，技术的改进则受到在各类机会中收集的线索（其中包括科学知识）的启动。在科学与技术程序发生交互作用的过程中，不存在任何体系性和主导性的东西。唯一重大的例外，就是为了改进航行而建立的格林威治天文台。

正如所有的家庭争吵一样，科学与形而上学的对立一直都是灾难性的。它是由中世纪后期形而上学家的蒙昧主义引起的。当然，有很多例外。比如，著名的红衣主教，库萨的尼古拉斯就阐述过这一事实：欧洲的思想史原本可能发生一个相当不同的转折。但教条主义的谬误却阻碍了人理解思辨思想的特有功能。人们认为，形而上思想始于那些单个清楚、分明且确定的原则。结果，科学的那些尝试性的方法就似乎与形而上学家的那些教条的习惯相矛盾。而且，科学本身对自己的那一尝试性方法也并不十分确信。牛顿物理学的胜利把科学置于唯物思想的教条主义基础上，这一基础延续了2个世纪。不幸的是，这一形而上学教条主义的方法甚至也未能使教条主义的那些谬误的习惯将其视为同类。因为，如果科学唯物主义就是最后的定论，形而上学对于物理科学就会全然无用，关于自然的基本真理就无力作任何解释性的阐释。根据这一理论，我们要认识的一切不过是：不可解释的物质微粒匆忙地运动着，不可解释的规律使得它们的运动相互联系在一起，这些规律可表达为物质微粒之间的空间关系。如果这就是终极的教条真理，那么哲学对于自然科学便无话可说了。

数学和神学使得人易于把一套成功的方法化为武断的教条，除此之外，这两种科学还必须承担这一骂名：它们使得欧洲思想养成了教条主义的习惯。数学的前提似乎是清楚、分明、确定的。算术和几何似乎也一样，适于整个自然界。同样，神学，由于它要系统地阐述那些与我们最隐秘、最敏感的兴趣有关的问题，所以总是怯于面临尝试构建思想的过程中必然出现的那些困惑时刻。

由于牛顿的唯物论占了主导地位，哲学与自然科学便分离了。这一分离表现为，科学分成了"道德科学"和"自然科学"。比如，剑桥大学哲学系便继承了"道德科学"一语。这一划分的意思是：哲学关心的是有关精神的话题，而自然科学则关心的是有关物质的话题。于是，作为与训练思辨理性相关的哲学，作为天下万物无不与之相关的哲学，这整个概念都消失了。牛顿本人就属于早期的那些科学家，他们极力反对形而上学侵入科学。有充分的证据证明，正如许多其他的天才人物，他的神经是精微地平衡的。对于那样的人物，异样的想法侵入他们狭隘而安全可靠的专业领域只会使其困惑而恼怒，因为那会动摇他们在自己专业中方法方面的权威感。当然，如果认为任何人都会因为偏离自己的最佳活动路线而分散自己的精力，那就是愚蠢的了。但追求知识是一桩合作的事业，而且否认针对同一题目的不同方法彼此具有相关性需要更多的证据，而不能仅仅以个人活动的局限性为理由。

人都欲立足于一个清楚、分明、确定的知识基础。牛顿在阐明他的万有引力定律的同时，又放言"我不杜撰假设"，这正好说明了这一可怜的欲望。这一定律说，每一物质粒子吸引每一另外的物质粒子；虽然阐明这一定律时，他只观察到了行星和天体吸引"物质粒子"。证明两个非天体的物质粒子会相互吸引，这几乎花了100年的时间。但牛顿的座右铭还有第二层意思。它是一种反笛卡尔的说法，针对的是笛卡尔的漩涡理论。他十分正确地指出，他的定律只是表达了一个纯粹的事实，并不伴随有关于物质特点或分布的任何解释性的考虑。牛顿物理学的报应是唯物论这一障碍，它阻塞了任何进一步通向理性主义的道路。牛顿的那一套方法在科学史那一阶段的实际价值不容置疑。有趣的事实是，它被武断地视为终极定论。

我不必浪费时间指出，无论是宇宙论体系或相关的具体规律，它们那一锤定音的终极结论的性质现已无人相信。牛顿当时就是在编织假设。他的诸假设在思辨的意义上体现了被他模糊觉察到的真理，它们以一种超越他那个时代分析直觉能力的明确说法体现了这一真理。需要对那些说法的应用范围有所限制。新近的说法已对那一范围提供了定义，它们自己，随着科学的进步，也将让自己的应用范围得到定义。牛顿的说法并非谬误，它们是不设防地说出来的。爱因斯坦的说法并非谬误，它们是不设防地说出来的。我们现已知道如何为牛顿的说法设防，但我们尚不知爱因斯坦说法的局限之处。在科学研究中，"对或错"这个问题通常无关紧要。

重要的问题是：在何种情况下这一说法是正确的，在何种情况下是错误的？如果某一说法并不常常是真实的，或其真实是不明显的、不可辨识的，那么，我们在日常使用它时，便可以足够准确地说，该说法是谬误的。

爱因斯坦说法的未知局限之处，当然对牛顿的说法构成了更微妙的局限。这样一来武断的终极性便消失了，代替它的是向真理的逐渐接近。

然而，有人积习难改，仍然认为，科学始于经验中清楚而分明的成分，经清楚而分明的阐释而发展进步起来。他们总是试图用那样的术语来解释科学的那一套方法，那些术语本身就清楚而分明，无需形而上的阐释。毫无疑问，以一种人们能愉快接受的、可容各种形而上学学派来解释的模糊方式来表达科学的过程，这是可能的。但当我们对此问题穷追不舍，以便毫不含糊地确定科学的过程时，我们就陷入用形而上学来解释思辨理性了。

现代的学说（它在科学家中流行）认为，科学不过是对观察到的事物的描述。正因为如此，它不假设任何东西，既不假设客观世界，也不假设任何因果关系、任何归纳。一个描述很多事件的共相的简单说法，在科学上比对很多事件所作的复杂描述更可取。所以，科学所追求的就是描述的简明性。结论就是：如此定义的科学无需形而上学。于是我们便可返回到剑桥大学的那一天真学说，将知识分为自然科学和道德科学,二者互不相关。

这一学说清晰悦目,如果它是清晰的,自然科学就可能一点也不重要。所以,我们只有通过打破这一学说的清晰性,才能强调科学的重要性。

单纯观察到的东西只是具体的事件。所以,如果科学只是与观察到的事件相关,它就是某些科学家生平某些事件的梗概。一篇关于某一科学题目的论文,不过就是以另一种方式编辑的"科学名人录",其中漏掉了大多数的专有名称,因为科学不过是与某些具体的人所作的具体观察有关。这样一来世界就拥有四类传记:老式的两卷本的"生平及作品";莱顿·斯特雷奇①学派的新式传记;名人录类型的;名人录的变种,即所谓的就科学的某一具体分支所写的论文。除非我们对具体的观察者们感兴趣,否则他写的科学论文就一点也不重要。不幸的是,大多数观察者的姓名在这些论文里都被省略,故一切重要性都蒸发了。

所以,如果科学的学说(它追求的是描述的简明性)被解释成旨在让科学脱离形而上学,在那样的意义上,科学便失去了它的重要性。但由于科学的学说往往是由科学的爱好

---

① 莱顿·斯特雷奇(Lytton Strachey, 1880—1932):英国著名传记作家,主张传记"简明扼要,既要排除多余的东西,又要保留一切意义重大的东西",著有《维多利亚女王时代四名人传》等。

者来处理的，所以，即便某一解释遗漏了形而上学，科学的重要性也可被另一种解释保留下来。两个新概念被引入，两个都需要形而上的讨论来阐明。一个是归纳概括的概念，凭借它，将来的观察才可能由科学来陈述。另一个则是更复杂的概念。它开始时介绍了关于可观察但尚未被观察到的事物的概念。然后它介绍了对空-时事件的一种思辨性描述；那些空-时事件构成了事实基础，依据它方可断言这一可观察性。最后它预言，依据这一描述，且由于有了如此被描述的事实，事件的可观察性通常不同于迄今所认定的。

比如，一类全然视觉的观察表明了一种电磁方程的理论。借助这一理论，人们设计出了既能传送又能接收的无线电设备。最后达到这样的程度：一个乐队在某个无线电站的播音室演奏音乐，方圆数百英里的人都能听到。那么，这样的说法可信吗：人们相信，这儿所牵涉的唯一原理，只是对原始具体观察的单纯表述？

然而，人们告诉我们，我们误释了中间的步骤，把它说成了"对空-时事件的一种思辨性描述"。表达这一科学过程的适当方式应该是说，中间的步骤只是构建数学公式，借助这一公式，人与收音机所发生的经验被预测到了。然而公式起什么作用？它也许与某个科学家头脑中的那一系列经验有关，该经验表达了从他原始的视觉经验到他最后欣赏乐队美妙音乐的整个过渡过程。这一学说似乎不可能，太牵强了。

动动脑子，我能想象它。但我们必须解释拥有收音机却又教育程度不高的普遍大众的经验。他们对最初的实验一无所知，对乐队和电台播音室的所在地一无所知，也完全不懂电台和他们自己的收音机内部的机制。单纯的数学公式同这些普遍听众的经验究竟有何关系呀？对以上东西全然无知的大众们，无非是想在工余饭后借此休息一下而已。

数学公式莫非是魔法咒语？我们不妨回忆一下自己童年的事，借此来把所谓"科学不过是对观察的描述"的现代学说，同单纯数学公式介入的说法比较一番。比如，面对一大群观众，一位魔术师走上台来。他将一张桌子置于身前，然后脱去外衣，把它前后翻转给大家看，也把自己展示给我们看。然后他念念有词，伴之以各种夸张的手势，最后，从帽子里掏出了两只兔子。人们要我们相信，是他的念念有词造成了那一结果。

关于这个问题的常识是，数学公式能描述共同外部世界的那些特点，它们与乐队和听众的身体这二者间的物理状态的传播相关。

如果此话不假，那么我们离原始学说的那一可心的简明性就还远着呢。我们已引入了外部世界的概念和它的空-时事件，并由科学思辨地描述。我们用"可观察的"一语来代替"已观察到的"一语，从而引入了潜能的概念。此外，由于信赖归纳概括法，数亿美元经历了风险。如果我们问，我们所说的这些模糊概念是什么意思,我们肯定只有求助于思辨理性了。

的确,正是在这点上,我们可抑制任何进一步的思辨理性,而回到成功方法论的常规中去。但是科学声称:它能在它自己范畴的界限内产生对它自己过程的理解,或者声称,那些范畴本身就可理解,不必参考它们在思辨理性所探究的最广泛的范畴内的地位。——科学的这一说法是全然无根据的。只要哲学家失败了,科学家便不知道他们在探究自己的方法时究竟在说什么;如果哲学家成功了,科学家便能在哲学所成功的那种程度上获得对科学的理解。随着哲学的成功,科学思想的盲目习惯就转化成了分析性的解释。

笛卡尔的二元论(据此最终的实际物被分成身和心),与牛顿的唯物主义的宇宙论结合起来,为哲理思辨树立了一个错误的目标。人们无批判地接受了纯粹的身心概念。然而,这一理想,即或则根据身来解释心,或则根据心来解释身,引导着思辨思维。霍布斯首先提出身是根本的,心被他简化为派生因素。随后贝克莱提出心为根本,身为派生因素——身只是心中的观念,尤其是上帝心中的观念。不过,对于哲学与自然科学关系的最重大影响,既不是来自霍布斯也不是来自贝克莱,而是来自康德。他的《纯粹理性批判》的效果在于,把自然体系还原成了单纯的表象(appearance)——或者用希腊的术语来说,自然的秩序是现象的（phenomenal）。然而，无论我们是更喜欢"表象"一语或"现象"一语，结果都是相同的。不可能有关于自然界的形而上学，也不可能有通过探究自然界的规律来研究形而上学的方法。因为自然界只是一个派生的表象；当我们思考它的时候，我们就远离任何讲述终极真理的直觉。确实，康德本人并未得出那一结论。星空影响了他，那是显明者对哲学的胜利。然而长远地看，康德观点的结果是将科学降而成为对派生细节的研究。然而在此处，显明者又胜利了。我们在现象世界中的现象生活之细节，有持久的重要性。康德否认，这个现象体系可将我们带入形而上学。然而很明显，我们就在这儿，现象地生活在现象之中。奥古斯特·孔德就是对《纯粹理性批判》的报应。他的实证主义主张颠覆了康德的论点。实证主义认为，我们无疑是在世界中，而且它也和康德同样认为，世界体系并未阐明形而上学。无论如何，从哲学的角度看，康德使得科学与思辨理性相分离。这一出自康德的问题，直到19世纪才有了进展。康德本人和他的紧随其后的追随者们，都对自然科学极其感兴趣。然而，19世纪中叶英国的新康德主义者和新黑格尔主义者们却远离了自然科学。

哲学与自然科学的这种敌对给双方都造成了不幸的思想局限。哲学不再声称它那特有的概括性，自然科学也自满于它那一套狭隘的方法。科学在17世纪建立起了牢固的范畴概念，乃至它与哲学的分离实际上并未影响它的直接进步。我们现在已到了一个关键时期，需要对科学思想的范畴进行普遍的重组。同时，科学，诸如心理学和生理学，也在科学和哲学的界限间徘徊。科学的蒙昧主义态度有可能是灾难性的，会延缓科学的进步。也许我们尚未做好准备，让思辨思想与科学方法更紧密地结合起来。有一点是肯定的：科学观点不可能有任何正当理由达于此结论。对任何证据源的拒绝，总是对那一推动科学和哲学进步的根本理性主义的背叛。

第三章

思辨理性本质上是不受制于方法的。它的功能要深入超越有限理性的普遍理性中去,就它的理解,所有的方法都会协调为事物的一种性质,只有超越一切方法才能把握它。凭人类有限的智慧,这一至高的理想永不能达到。然而区分人与动物,区分一些人与另一些人的标准是,看他的天性中是否包含一种不安的成分,虽朦胧摇曳,却对不可企及的东西穷追不舍。这个成分就是对无限性的感触,它曾驱使种族前行,有时驱使他们走向毁灭。它是一种直奔召唤之光的向性运动——或则朝着那奔向事物终极性的阳光,或则朝着那来自事物本源的阳光。思辨的理性时而向东时而向西;时而奔向源头,时而奔向终点,这两者都隐蔽在世界的边缘。

循规蹈矩的理性满足于将自己局限在一种成功方法的界限内。它在传统实践活动的安全日光下发挥作用。它是对精明性的训练。思辨理性却质疑方法,不让它们安生。人们对思想自由的热望正好表明，他们对思辨理性与宗教直觉的深刻联系是信服的。斯多葛学派强调，宗教精神有权以自己所可能有的理解去直面事物的无限性。思辨理性作为一种可辨识的力量初露头角时，表现为偶发的灵感。于是预言者、先知、怀抱新秘密的人出现了。他们给世界带来了火，带来了拯救，或解放，或道德的洞见。他们共有的特点就是：他们都怀抱着某种想象的新颖观点，既与传统的方式有关，却又超越之。

希腊人对于世界进步所作的真正贡献在于，他们发现了这一几乎令人难以置信的秘密：思辨理性本身就受制于有序的方法。他们清除了它那不守规矩的特点，却又未毁坏其超越既定之规的那一功能。这就是为什么我们现在不说灵感，而代之以思辨理性的缘故。理性要求合理事物的秩序性，而"思辨"则表现了对任何具体方法的超越性。希腊人的秘密就是：如何既超越方法又受制于方法。他们几乎未意识到他们自己的这一发现的重大意义。但我们却有我们的优势：我们观察它运行了2000年。

世界拥有自命的预言家的那段经历，总的说来，是很不幸的。预言家大体上是一群名声不好的可疑人士。即便我们撇开那些略为不诚实的预言家不算，仍有一群为数不少的欺世盗名之徒，无知而狂妄，无能而自负。总的说来，任何一位具体的预言家胜算的机会都极小，故除了应有某种测试的方法外，更保险的方法是，向他们扔石头以示惩罚，不过，应心怀慈悲，不可太过。希腊人发明了最广义的逻辑——发现的逻辑。希腊逻辑，经数个世纪的磨砺已臻于至善，它提供了一套标准，信仰的任何内容都得臣服之。这些标准是：

（1）必须符合直觉经验。
（2）命题内容必须清晰。
（3）内在逻辑必须前后一致。
（4）外在逻辑必须前后一致。
（5）逻辑体系：
　　（a）必须与经验普遍一致；
　　（b）不得与经验相悖；
　　（c）自己的诸范畴概念必须一致；
　　（d）在方法论上必有其后果。

迄今困扰数代思想家的误解就是，认为应用这些标准是很容易的事。比如，希腊及中世纪的思想家就以为，他们能容易地获得符合经验的清楚而分明的前提。因此，他们往往致力于对演绎系统的阐述，而在批判前提时则相对粗心。现代人同希腊人一样，往往认为构建准确表达的命题很简单。他们还认为，对经验的质询是一桩直截了当的事。但他们已意识到，主要的精力应用来发现确实在事实上符合经验的命题。因此，现代人强调归纳。我所坚持的观点是：这些事做起来都不容易；事实上极端难做。因为不仅全然形而上地理解宇宙很困难，就连清楚而分明地理解任何命题，由于要分析它的组成成分，也是极端困难的。

同样，要分析经验，却又不引入可能有误的解释性成分，也是极端困难的。这两个困难还会导致另一困难："直接符合经验"这一判断，在排除了所有怀疑成分的情况下，很难达于定论。

甚至一个命题的自洽性也让人有所怀疑。因为，如果对命题的分析是模糊的，那就意味着总是可能会有一个更全面的分析来揭示某一缺陷。同样的怀疑也可针对第4个标准，即外在逻辑的一致性。在这种情况下，我们就是在比较正在接受审视的命题和其他被接受为真的命题。

显然，如果头两个标准就能轻易下定论，那么任何其他东西就都不必要了。再者，如果头4个标准能明确地定下来，那么第5个标准就无必要了。但最后这个标准显然是一个程序，用以解决判断单个命题的困难。其做法是借助于诸概念构成的一个体系，其中的概念是相互关联的，在关系中显现出各自的明晰性；这些概念是结合一体的，故对其中一些概念的检验，就反映了对其余概念的检验。再者，如果该体系有这样一个特点，即它能提出它所能解释的种种方法，那么它就具有了产生与之一致的概念并不断接受检验的特点。

第 5 个标准的整个要点在于：该体系致使人对世界有了更广泛的理解，其中包括对观念的更好定义，对直接事实的直接分析。一个单一的命题基于模糊的领会，而一个由众概念组成的体系则通过它自己诸范畴方法的相互关联而提供自己的确定度。

正是通过强调思想体系，希腊人建立起了各类科学分支，它们又反过来改造了文明。一个属于某一科学体系的命题，人们经过小到惊人的检验就接受了。比如，目前我们都接受著名的光谱线移动学说。然而，就直接证据而言，现在只有一些关于太阳光线的实验，及其非常可疑的解释，以及来自天狼星黑暗伴星的光线的分明的例子。但尚有上百万颗未经测试的恒星，且不说同一颗恒星是否就总是产生同样的结果。但无人怀疑这一学说，因为它属于主导的科学体系。人们通过想象某种不属于任何体系的事件，来说明体系的重要性。你去一个奇异的外国，你第一天观察到的事情中有一件是，一个人在用头倒立。如果你为人谨慎，你就不会因此而笼统地下结论说，那儿的居民都有用头倒立的习惯；而且，即便你如此说，你的一半的朋友也不会相信你。尽管如此，你的直接证据却可与关于光谱线移动的那一证据相比。

一个体系的产生主要是思辨理性努力的结果。这包含远超直接观察的想象。由诸范畴概念交织而成的群体构成了体系，它容许通过演绎逻辑的构建能力进行衍生性的引申。在这些关于事物形式相互关系的命题的整个范围内，其中有一些可与经验进行直接的比较。借此，我们可以探究该体系与经验符合或不符合的程度。一个体系，若是在方法论上毫无用处（至少一时地无用），就不能产生命题与事实间的这些可观察到的联系。

一个全然由抽象的逻辑方法论推演而出的抽象体系，即不能通过实验的相关实践方法论达于与事实发生联系的抽象体系，仍然可能是十分重要的。现代文明史表明，那样的体系实现了所罗门梦中所得到的承诺。[①] 首先，那些体系满足了思辨理性的那一特殊要求，即为理解而理解，因此丰富了生活。其次，它们代表了每一代人为其后代托管的思想资本。在终极道德上，文明要求文明的拥有者传播并丰富这一它已从中获利并有潜在发展力的遗产。暗中导致现代进步的一条主要规律是：除开极端少见的偶然事件不算，思想先于观察。思想不可能决定细节，但它可暗示细节的类型。任何人，只要脑子里没有数的概念，就不会数数。任何人，只要不想看任何东西，就不会引导自己的注意力去看。偶然到来的新颖观察是少见的偶然事件，而且往往也被废而不用。因为，如果不存在它所能融入的体系，它的意义就失去了。无思想的自然界，它的方法是通过大量的耗费——一百万颗种子生出

---

① 参见圣经《列王纪》（上）第3章。

一棵树；一百万颗鱼卵生出一条鱼。同样地，对超越人常规生活的事实进行一百万次的观察，也难产生一次有用的进步。

亚洲文明经辉煌发展后，进入了相对的停滞期。这是由于它穷尽了它思想的资本，即那一好奇心的产物。亚洲没有庞大的抽象思想体系在人的头脑中保持着勃勃生机，随时准备把意义赋予人的偶然经验。它仍处于沉思之中，思想坠入了静态。这一对抽象思想的单纯沉思，窒息了产生新颖的那种不循规蹈矩的好奇心。于是理性中的思辨成分凋零萎谢。上百万的人见过苹果坠地，但唯有牛顿在脑子里形成了表现力学关系的那一数学定理；成百万的人见过寺院和教堂里吊灯的摆动，但唯有伽利略模糊地预期到这同一数学定理；成百万的人见过动物相互捕杀，植物互掐，成百万的人经历过饥渴，但唯有查尔斯·达尔文想起了马尔萨斯定律。进步的秘密在于，对抽象的形态体系抱有思辨的兴趣。人们很难意识到，那样的抽象体系在人的头脑里生长起来后，要多长时间才会与实践兴趣相接触。数学物理学的发展史被人讲了又讲，但它的寓意如此势不可挡，绝不容人须臾忽视。

想一想数学的早期阶段——大约公元前 2000 年，那在埃及不过是些技术上的诀窍。它当时只是一个伟大文明中的一个次要成分。大约公元前 500 年，希腊人出自对理论的热爱，开启了对数学的理论研究。这大约是所罗门之梦那天的四五百年之后，那一梦是有史以来最伟大的预言。希腊人的天才表现在他们能明确地预言数学对于自然研究的重要性。就16世纪初几何科学的状况而言，促进抽象形态学的发展是很必要的。那时人们研究该科学已约2000年之久，研究已深入细节。然而，就算有一些次要的限制条件，该研究除了引起了人的内在兴趣外，并无任何成果可言。随后，犹如大门突然敞开，开普勒实现了对圆锥曲线的首次重大应用，这是数百年来的第一次；笛卡尔和德萨尔格将科学的方法革命化了；牛顿写出了他的《自然哲学的数学原理》。从此，文明的现代时期开始了。如果没有2000年缓慢积累起来的抽象思想的资本，就不可能有我们的现代生活。数学本身并无任何神奇之处，它不过是抽象形式的科学的一个最佳例子。

关于音乐的抽象理论是又一门那样的科学；还有关于政治经济学的抽象理论，关于货币的抽象理论。要点在于，抽象理论的发展先于对事实的理解。政治经济学的例子说明了又一个要点。我们都知道，抽象的政治经济学近年来颇遭冷遇。它研究抽象名义下的人，把这一抽象人的观点局限于"经济人"。它对市场和竞争也作了假设，那些假设忽略了很多重要因素。这是一个例子，它说明，超越某一既定形态体系是必要的。到某种程度，这个体系便是无价的。它厘清思想，它使人联想到人观察到的事物，它解释事实。但任何有限的体系，其效用都有严格的限度。如果强行让体系超越其恰当的范围，就一定会出错。思辨理性之道正在于，既应用体系，又超越体系。

数学物理学提出了又一种思考。我们应细思相关数学思想的极端的抽象性。令人惊讶的是，由那样的抽象思想构成的一个体系居然被证明是如此重要。我们可以想象，在希腊时期初期，某位埃及的乡绅可能容忍了土地测量员的技术方法，却又同时感到，善思辨的希腊人那些空泛的概括是经不起推敲的，是不实际的，是浪费时间。各个时代的蒙昧主义者都展现了相同的成见。所有的常识都是支持他们的。他们唯一的死敌是历史，欧洲的历史就是他们的致命之敌。抽象思辨，即创建体系且又超越体系的思辨，敢于达到抽象之极致的思辨，一直是世界的救星。为思辨设置限制，就是对未来的背叛。

然而，编织假设本身也是需要准则的。必须让它与这个时代的普遍事实保持着某种关系。宇宙论就是要努力构建一个关于当前阶段的宇宙的普遍特点的体系。宇宙论体系表现的是"属"，科学的特殊体系是它下面的"种"。宇宙论的任务是双重的。它要抑制任意驰骋的想象胡作非为。一个特殊的体系或则应适于普遍的宇宙论，或则，由于其与事实相符，应提出何以要修正宇宙论的理由。在互不相符的情况下，最可能的结果是，对宇宙论做某些修正，同时对相关的体系做某些修正。所以，宇宙论和科学体系互为批判者。一门特殊的科学形态自有其局限，它显然不能用它自己的范畴概念表达世上被说明的所有形式。但一门宇宙论却应是充分的。正因为这一理由，一门宇宙论必须考虑尚未被充分包括在某一科学内的那些因素。它也必须囊括所有的科学。

经验朦胧的幽深处极难分析。在某一即刻只是询问即刻的意识，并不能使我们获得什么东西。分析能力在如此直接的考察下消失了。我们求助于记忆，求助于他人的证词，包括他们的记忆，求助于语言，即求助于对词语的分析——也就是说，求助于词源学和句法规则。我们也应把人类的风俗习惯视为他们稳定经验的体现。

在寻求那种普遍得足以进入一种宇宙论的形态学的范畴概念时，我们必须强调经验中的那些"稳定"因素。这意思是，辨识表现于事实中的它们，并不局限于少数特殊的人，或少数特殊的时刻。对它们的说明必须立足于广而泛的证据。

此处必须做一区分。初次的辨识可能是由于某一特殊时刻的某一特殊的人。然而，不能分享的秘密应该仍是一个秘密。范畴形式之所以出现于我们，是因为有证据证明它们在经验中是广泛的。但我们现在正考虑的，是思辨理性的那一主要困难，即它与经验的冲突。

对于经验，有一种习惯的看法，面对公开挑战时该看法从未被承认过，但却顽固地潜在于心照不宣的预设中。这一看法认为，意识经验是对相互有分明联系的分明事态的分明认识。这是一种分明经验观，即认为经验是分明、整齐、有限的，均匀地得到显现。没有任何看法比这更远离真实了。首先，把经验等同于清晰的认识就与证据相悖。在我们自己的生活中，任何一个时刻，我们的注意力都有所专注，一些事态被清晰地意识到，但它们却模糊而执着地与其他事态联系在一起，那些其他的事态只是被朦胧地意识到，这一朦胧的意识不知不觉地化为了一种分辨不清的感觉。

再者，清晰性与模糊性是不能隔离开的。清晰事物聚集在一起，不会给清晰的分析直觉提供秘密。该整体形成了一个体系，但是当我们着手描述这个体系时，直接的直觉却欺骗我们。我们的意识知觉是波动的、飞舞的、不受控制的。它不能深入。直觉的深入要遵循思想的预期。这便是注意力的秘密。

经验有其即刻性，除开这一特点，这些即刻在我们任何人的生命中都是各不相同的。我们或则警觉，或则昏昏欲睡，或则激动，或则沉思，或则入睡，或则做梦，或则急切地期待，或则无所欲求。我们的状态的变化是无穷无尽的。

另外，当我们考虑到其他人，以及其他动物时，他们的平均情况之间，以及不同个体分别可能达到的最高级阶段间，会出现一种类似的差异。随着我们降低等级，我们似乎在更低的类型里发现了一种朦胧的无意识，那是一种分辨不清的感觉。对于较低的类型，经验失去了形式的说明，失去了意识的启示，失去了对目的的分辨。它似乎最终化为从分辨不清的感觉衍生出的一种巨大的无意识冲动，这一感觉本身也是即刻过去的衍生物。

一切权威的基础在于事实高于思想。不过人们却可能错误地想象事实与思想的对比。因为思想是经验事实中的一个因素。故直接的事实之所以是实然，部分地是由于其中所包含的思想。一次经验行为的性质，主要取决于其中所包含的思考的因素。但任何那样的经验行为中所包含的思想，都含有对经验的分析性考察，那一考察是超越该经验行为本身的。事实高于思想，这话的意思是，即便思辨思想天马行空到极致，也应自有一定程度的真。它也许是艺术之真。但与经验的广漠世界无关的思想，却是无益的。

从思辨思想所能得到的恰当的满足，就是清晰的阐释。正是因为这一理由，故事实高于思想；而事实高于思想，则正是权威的基础。我们遍寻世界，以发现证明这一阐释能力的证据。

对于天马行空的思辨的最高检验，就是看它是否最终为被充分证明了的目的建立起了一种实际的技术；就是看思辨的体系是否能一直阐释该技术。这样一来，便有了从思想到实践的进步，以及从实践返回同一思想的回归。思想与实践的这一交互作用，便是最高的权威。这是一种检验，通过它，假冒的思辨得到遏制。

在人类历史上，实用的技术体现在已建立的机构中——职业协会、科学协会、商业协会、大学、教会、政府。所以，研究那些作为社会结构基石的思想，就是求助于最高权威。它就是斯多葛学派对"自然之声"的求助。

但是，甚至这一最高权威也不可能是终极的。其理由有二：首先，证据是混乱、模糊且矛盾的。其次，如果在人类历史的任何时期它被接受为终极的定论，那么，所有的进步当时就会都停止下来。过去的那些可怕的、野蛮而卑下的实践活动，就会世世代代地纠缠我们。我们也不可把当前的时代作为终极标准而接受下来。我们可活下去，可活得好，但我们感到了向上的冲动：我们仍希望活得更好。我们必须寻求一种规范思辨理性的准则。那样的思辨，其实质正是要超越直接的事实。它的任务是要让思想能创造未来。达到这一境界，它靠的是对思想体系的远见，其中包括观察，不过是普遍化后的观察，超越了观察本身。这便出现了对准则的需要，因为思辨之史类似于实践之史。如果我们对人类进行一番考察，就会发现，他们的思辨一直是愚蠢、野蛮而卑下的。历史的真正作用在于：我们可从中提炼出作为实践准则及思辨准则的普遍原则。

这一准则所追求的目标并非是稳定而是进步。在这些篇章中我一直在强调，并不存在真正的稳定。表面上的稳定，其实是一个相对缓慢的萎缩腐败过程。稳定的宇宙正在从我们的脚下溜走。我们的目标是向上的。

使思辨生效的人是希腊思想家。我们应将进步的欧洲文明归功于他们。所以，遵守他们引入思想行为中的那些方法，应该是我们的共识。

第一，他们充满了无限的好奇心。他们深入探究一切，质疑一切，竭力理解一切。这不过是说，他们是高度地思辨的。第二，他们极具条理性，这既见于他们对清晰定义的追求，又见于他们对逻辑一致性的追求。事实上，他们发明了逻辑学，以便做到前后一致。第三，他们兴趣广泛——自然科学、伦理学、数学、政治哲学、形而上学、神学、美学，全都激起他们的好奇心。他们也并不把这些学科严格地区别开，而是刻意努力将它们结合为一个一致的观念体系。第四，他们追求最普遍的真理。而且，在追求这些真理的过程中，他们也同时注意他们不同兴趣所形成的整体。第五，他们是具有积极实践兴趣的人。柏拉图到西西里去，目的是帮忙进行一桩政治实验，而他终其一生都在研究数学。当时，数学及其应用并不如今日这样分离。毫无疑问，他所观察的那类事实，就是数学理论的应用对象。然而，谁也没有比柏拉图更敏锐地认识到这二者之间的差异：抽象思想的确切性；困扰着所有观察的、模糊性的含糊界限。确实，在这方面，柏拉图这位抽象思想家，远超过约翰·斯图尔特·密尔这位归纳哲学家。密尔在解释科学的归纳方法时，从未面对这一困难：从未有过任何观察确切地证实了人们认为它所支持的定律。柏拉图感到，与思想的确切程度相较，物理经验是不确切的。他的这一感受显然暗示，他会独自对此进行研究。密尔的决定论，根据他自己的理论，是一种归纳，它归纳的是：在何种确切程度上符合了先前情况所设定的条件。但任何人也未曾有过任何那样的确切符合的经验。无法获得任何观察的依据来支持密尔的学说。柏拉图知道这个关于经验的基本事实，密尔却不知道。决定论也许是真正的学说，但它永不能用英国经验主义所指定的方法来证明。

说到亚里士多德，列举一下他所从事的实践活动就不禁使我们怀疑，他如何可能有时间来进行思辨。他分析过希腊主要城邦国家的宪法，他分析过他那个时代伟大的戏剧作品，他解剖过鱼，他分析过句子和论点，他教导过年轻的亚历山大。一个干过不止这么多事的人，如果承认无暇从事抽象的思考，是完全可获谅解的。

希腊的思辨思想在柏拉图和亚里士多德那里达于极致，其最终突出的特点是，他们的兴趣那无所不及的广泛性，他们所追求的那种有条理的精确性，以及他们思想的普遍性。所以得出这样的结论并非轻率之举：这些结合为一体的特点构成了一种主要的防腐剂，防止思辨堕入愚蠢。

思辨理性以两种方式发挥作用，以便既服从事实的权威，又不失去自己那超越对事实的现存分析的使命。一方面，它承认某一特殊题目,诸如某一科学或某一套实践的方法的局限;然后,它在思辨上追求扩大或重铸该题目界限内的范畴思想。这便是与方法论理性最紧密结合的思辨理性。

另一方面,它力图建立一种宇宙论,该宇宙论表达了在人所关注的事物中揭示出来的世界的普遍性质。我们业已指出,为了让那样的一种宇宙论与实在保持联系,就必须考虑在各个时代构成人类社会结构的那一大堆既定的制度。唯有这样,我们才可利用遍布于人类经验的那些有效成分。那些制度所代表的它们的同代人经验中的东西,讲述了具有终极权威性的大量事实。

这种宇宙论还常常同时揭示出人们信仰及目的中的不一致处。但在某种程度上,这一任务被简化了。表面的细节通过它们所揭示的不一致同时揭示了它们自身。普遍概念中的一致性凸显出来了。制度实现目的,正是这一事实证明了这个不容置疑的信念:见识远大、目的明确有助于目标的实现。道德准则的不一致,见证了道德经验的事实。你不可能针对不知的成分进行争论。每一不协和都基于某一共同的经验,只是人们对这一共同经验的认识彼此不协和。

一种宇宙论最重要的是要充分。它不应把自身局限于一门科学的范畴概念之内,凡是与该门科学不相符的东西就搪塞敷衍过去。它的任务不是拒绝经验,而是去发现最具普遍意义的解释体系。同样,它的任务也不仅仅是将不同的科学并列在一起。它要进行超越任何特殊科学的普遍化,进而提供一个表达不同科学相互关系的解释体系。由于宇宙论是思辨的最高普遍化的产物,所以它是一切在普遍性上不如它的思辨的批判者。

但宇宙论同一切有限智力的努力一样,都有不完善之处。特殊的科学达不到它们的目标,宇宙论同样如此。所以,当一个新颖的思辨产生,一个三重问题便应运而生。某一特殊科学、宇宙论体系,以及新颖的概念,它们之间会有一致点,也会有分歧点。理性以仲裁者的身份介入,但同时也进一步锻炼了思辨。于是,科学、宇宙观、新颖的概念,都得到修正。三者共同的准则清除了它们愚蠢的成分,或仅仅是疏漏的成分。于是人类的诸目的得到相应的修正,其强烈影响遍及由诸技术方法和诸制度形成的社会结构。

人的智慧的每一创造物,较之其最初预想的目的,都更特殊、更有限。宇宙论最初是从从属的细节提炼而成,因此应该有一个君临许多科学的宇宙论。不幸的是,这一理想并未实现。不同哲学学派的宇宙观各不相同。岂止是不同,它们在很大程度上不一致。哲学之所以不被人相信,在很大程度上是由于这种学派间的斗争。

只要教条主义的谬误泛滥世界,这种不一致就会继续被误释。如果哲学立足于清晰而分明的观念,那么,哲学家们,那些能干而真诚的人,他们之间的不协和就意味着,他们在庸人自扰地追求一种虚无缥缈的东西。但是，一旦人们理解了理性主义的真正功能，即它是一种逐渐接近分明而普遍的观念的方法，那一不协和就是意料中的事了。

形形色色的宇宙论在形形色色的程度上未能达到它们所追求的普遍性和清晰性。它们不充分、含混，且把特殊的概念妄用到了恰当的范围之外。比如，在某种意义上笛卡尔这样说显然是对的：我们有身，我们有心，它们可在一定程度上被分开来研究。我们平时在实际生活中就是这么干的。这一哲学做了很大的概括，它显然有某种重要的效用。但如果你把它奉为一种终极的宇宙论，错误就会随之而滋生。其他哲学学派也是如此。它们都说了某些确实真实的东西。某类哲学提出了较其他学派更为深刻的宇宙论。在某些时代，人们会提出某种宇宙论，它包含了前人的成果，并指出了其适用的范围。但最终人们会发现那一宇宙论已过时，于是竞争对手出现了，对其进行修正，并可能漏掉它的一些普遍真理。

人类就是以这种方式跌跌撞撞地一路前行，逐渐理解世界的。

最后作结时，我们应该回到我们最初的那个问题：理性的功能，这是本次讨论的高潮。如果我们把世界视为一个由它的先行状态决定的物理系统来进行研究，那么，它给我们呈现的景象就是一个稳定地消耗着的有限系统——逐渐失去了它的活动和它的多样性。各种不同的演化公式并未暗示任何相反的趋势。生存斗争并不暗示何以应该有城市。同样，房屋的簇聚一点也不能解释何以房屋应该漂亮好看。然而天然中却存在着某种向上的趋势，与物理衰变的那一方面方向相反。在我们的经验中，我们发现了欲望，它造成了针对理想目标的终极因果关系，那些理想目标是超越单纯的物理趋势的。在灼热的沙漠，人有渴望水的欲望，而物理的趋势却是：动物身体越来越干燥。欲通过对美的欣赏而达到审美满足的那一欲望，同样不属于单纯的物理秩序。

然而纯粹盲目的欲望，却会是偶然的产物，不会导致任何结果。在我们的经验中，我们发现了理性和思辨的想象。于是便有了根据某种健康规则来区分欲望的方法。理性在这方面的主宰作用是摇摆、模糊而朦胧的。但该作用确实存在。

于是我们便有了某种知识，它表现为一种只属于人类特殊天赋的形式——我们认识到了那一反向的趋势，它把一个秩序的衰败转化为它的继承者的新生。

符号的意义及效果

献　辞

　　写这些章节时，我尚未看到矗立于华盛顿城国会大厦之前的华盛顿纪念塔，尚未有幸跨过边界进入弗吉尼亚州——对于一个英国人，那可是一次重大经历。

　　弗吉尼亚是整个英语世界中象征传奇的符号；弗吉尼亚当初是由沃尔特·雷利爵士，该世界最富传奇色彩的人物，在英国历史上的浪漫时期为该世界赢得的；弗吉尼亚始终忠实于它的起源，它的历史充满了传奇。

　　传奇并不能产生永久的幸福，沃尔特·雷利爵士就因传奇而罹祸。传奇并不匍行于地，而应像华盛顿纪念塔那样昂首直立——犹如联结大地和蓝天的一条银色纽带。

1927 年 4 月 18 日

前　言

据巴伯-佩奇基金会（Barbour-Page Foundation）所规定之条款，这些讲演由弗吉尼亚大学出版。承蒙学校当局好意，在一些重要出版细节上俯就作者，使得本书虽小有改动却基本照原貌印出，本人不胜感激。

对这些讲演欲获最佳理解，读者诸君可参阅洛克《人类理解论》的某些章节。对以下著作，本人谨此鸣谢：

詹姆斯·吉布森教授：《洛克的知识论及它的历史关系》

诺曼·肯普·史密斯：《一种唯心主义知识论的开场白》

乔治·桑塔亚那：《怀疑主义与动物信仰》

A. N. 怀特海

1927 年 6 月于哈佛大学

第一章

第一节 符号的种类

只要略为考察一下文明的不同时期就会发现,不同时期的人对符号的态度是很不同的。例如,在欧洲的中世纪,人的想象中就似乎充满了符号。当时的建筑物、仪式、纹章都是符号象征性质的。宗教改革后,出现了反动。人们竭力不使用符号,认为那是人"徒然创造出来的痴想物"。他们转而专心地去理解根本的事实。

但是当时的那类符号都处于生活的边缘,在其组织中存在一种非本质的成分。在一个时期人们使用它,而在另一个时期人们又抛弃它,这一事实就证明了它那表面化的性质。

另有一些类型的符号更深刻,在某种意义上是人造的,而且是我们不能摆脱的。语言,无论是书面形式或口头形式,就是那样的符号。一个词单纯的声音，或书面形式，是不重要的。一个词是一个符号，它的意义是由它在听者的心中唤起的那些想法、形象和情感构成的。

还有一类语言，纯粹是书写语言，它是由代数学的数学符号组成的。这些符号在某些方面不同于普通语言的那些符号，因为只要你遵守代数的规则，应用这些符号便可助你进行推理。而普通语言就不行。你不能忽略语言的意义而只相信句法，以期为你解决问题。总之，比起欧洲中世纪的教堂来，语言和代数代表了符号的更基本的类型。

第二节 符号与知觉

还有一类符号比以上任何一类更为根本。我们抬眼看见我们面前的一个有颜色的形状，于是我们说——有一张椅子。但我们看见的只是一个有颜色的形状。可能一位画家不会立刻想到一张椅子。他可能会仅止于思考某一美丽的颜色和某一美丽的形状。但是我们中那些不是画家的人却很有可能，尤其当我们疲倦时，径直从对有色形状的知觉转换到了以某种方式对该椅子的享受，或使用之，或喜爱之，或思考之。我们可以借助于一系列困难的逻辑推断，容易地解释这一转换。通过该推断，并结合我们已往对不同形状、不同颜色的经验，我们便可作出似乎有根据的结论：我们面前是一张椅子。我很怀疑，若要从有色的形状转换到椅子，就需要精神有高级的特性。我怀疑它的一个理由是，我那位只想到颜色、形状或位置的画家朋友是经过严格训练的，他付出过巨大的劳动才获得了对椅子视而不见的能力。而我们仅仅为了要避免那一套复杂的推论，则不需要精微的训练。要避免它，简直太容易了。我怀疑它的又一个理由是：如果除了那位画家，同我们在一起的还有一只小狗，那小狗定会立即把椅子视为椅子，它会跳上去，将其当作椅子使用。如果小狗不采取那样的行动，那可能也是因为它受过良好的训练。所以，从将某物视为一个有色形状，转换到将其视为某种有多种用途（与颜色无关）的东西，这似乎是一个非常自然的过渡。我们——人和小狗——若欲避免这一过渡，则需经过精细的训练。

因此，有色形状似乎就是代表我们经验中某些其他要素的符号。当我们看到那些有色形状时，我们便调整我们的行动以适应那些其他要素。从我们的感觉到被符号代表的物体，这一符号使用法常常是错误的。将光和镜子作巧妙的调整，就会使我们大受蒙骗；即使我们未遭蒙骗，我们也是做了努力来避免的。从感觉表象（sense-presentation）到有形物体，这是符号使用方式中最自然、最普遍的手法。这不单单是一种向性运动，或自动的转向，因为人和小狗在看到椅子时也常常对其漠视。同样，一朵转向阳光的郁金香可能也有最少量的感觉表象。我将论证这一设想：感官知觉主要是更高级的机体的特征，而所有的机体都有因果效验的经验，由于因果效验，它们的功能活动才受到了它们环境的规定。

第三节 关于方法

事实上，符号法在很多情况下就是用表现为符号的纯感官知觉来代表我们经验中更原始的要素。因此，既然感官知觉（无论其重要与否）是高级机体的特征，我这一对符号法的研究便将主要限于符号法对人类生活的影响。低级特征最好首先与相应的低级机体结合起来研究，因为在低级机体中，那些特征未被更发达的功能作用遮掩。这乃是一条普遍原则。相反，高级特性则应首先结合该特性在其中臻于完善的那些机体来进行研究。

当然，为了进一步推导出全部特别特性，我们则要了解高级特性的萌芽阶段，以及怎样才能使低级特性有益于更高级类型的功能作用。

19世纪的人夸大了历史方法的作用，认为研究每一特性，就只是研究它的萌芽阶段，并将此视为当然。于是，比方说对"爱"的研究，就一直是始而在原始人中，继而在痴愚人中进行的。

第四节　符号易于导致错误

用符号认识与直接认识之间存在着巨大的差异。直接经验不易出错。你所经验的业已被你经验过。但使用符号就很容易出错，这意思是指，符号会使人产生对事物的行动、感觉、情绪和信念，而那些事物只是一些观念，在符号导致我们预设的世界中并无实际表现。我将引申这一论点：我们由于我们的直接认识而进行活动，而符号就是我们活动方式中的一个必不可少的因素。成功的高级机体只有在这样的条件下才是可能的：在重大问题上，它们的符号功能活动被证明是正确的。但是，人类的错误同样产生于使用符号的过程中。理性的任务就是要懂得并清除人类所依赖的那些符号。

若要充分地说明人的心理，就必须解释：（1）我们怎样才能真实地认识；（2）我们是怎样犯错的；（3）我们怎样才能批判地区分对与错。若要解释这些，我们就必须要区分两种类型的心理功能作用：第一种类型就其本质而言能立即与事实相接触，第二种类型只有在满足了第一种类型提供的某些标准的条件下才是可信的。

我认为第一种功能作用可恰当地称为"直接认识"

(Direct Recognition)，第二种则可称为"符号指称"（Symbolic Reference）。我也将努力解释这一学说：人类的所有符号使用法，无论其看起来是何等的肤浅，最终都将归为若干系列的这种基本的符号指称，这些系列最终以直接认识的或一方式将知觉对象联系起来。

第五节 对符号使用的定义

预先有了上面的解释，我们便应开始对符号使用进行正式的解释：当人心经验中的某些成分，由于其他成分而引起了意识、信仰、情感及习惯，这时人心便是以符号在进行活动。前一组成分是"符号"，后一组成分则构成了这些符号的"意义"。造成从符号向意义过渡的那一机体功能活动将被称之为"符号指称"。

这一符号指称便是知觉者的天性所提供的那种活跃的综合要素。它需要一个基础，该基础就是符号的性质和意义的性质二者之间的某种一致性。但是两种性质中的这样一个共同要素本身并不需要符号指称，它也不能决定哪个应是符号哪个应是意义，它也不能确保符号指称不给知觉者带来错误和灾难。我们必须根据实际存在的事态在自生过程中的初始阶段来构想知觉。

自生（self-production）出自某一初始的给定阶段，为了替这一概念辩护，我想提醒读者，脱离了它是没有任何道德责任可言的。是陶工而不是陶器，应对陶器的形状负责。一个实际事态是作为这样一个行动出现的：它把形形色色的知觉、感觉、目的，以及出自那些初始知觉的其他形形色色的活动合成一个实在的语境。此处，活动一语是自生的别名。

第六节　作为活动的经验

这样一来，在知觉者自己的经验产生的过程中，我们便指派给了他一桩活动，虽然那一时刻的经验，作为那样一个事态，就是知觉者本身。所以知觉，至少对于知觉者来说，就是知觉者本身与被知觉的事物之间的内在关系。

分析起来，包含在符号指称知觉过程中的整个活动都肯定与知觉者有关。这样的符号指称要求，在符号和无须借助那一完善了的知觉者便可被表达出来的意义之间，有某种共同的东西。但它也要求知觉者有某种活动，该活动无须求助于特殊的符号或特殊的意义就可被想到。当符号和它的意义单独被想到时，它们**既**不要求二者之间有一种符号指称，**也**不要求二者成员间的符号指称是某一方向的而不是另一方向的。它们二者关系的性质本身并不决定哪个是符号哪个是意义。经验中没有任何成分仅仅是符号，或仅仅是意义。更常见的符号指称乃是，从作为符号的不甚原始的成分，到作为意义的更原始的成分。

这一说法是一种透彻的实在论的基础。它排除了在我们经验中只被提到，却仍在直接知觉面纱之后的任何神秘成分。它宣布了这一原理：符号指称维持在一个复杂经验的两个成分之间，这两个成分在本质上都能直接认识。如果缺乏这种有意识的分析性认识，那只能怪相对低级的知觉者的心理中存在着缺陷。

第七节　语言

为了说明符号和意义相互转化的情况，我们且想一下语言和它所指称的事物。一个单词是一个符号。但一个单词既可是书面的，也可是口头的。有时一个书面单词可表示相应的口头单词，而口头发出的那个声音可表示一种意义。

在那种情况下，书面单词就是一个符号，而它的意义则是那个口头单词；口头单词是一个符号，而它的意义则是该单词（口头或书面）的词典意义。

但是，书面单词常常未待口头单词介入便已达到了目的。因此，书面单词就这样直接以符号的形式表达了词典意义。但是人的经验多变而复杂，乃至总的说来，这两种情况都未曾以此处所说的这种分明的形式表现出来。经常的情况是，书面单词既表达了口头单词，也表达了意义，而且由于口头单词也表达了这同一意义，因而符号指称便被弄得更清楚、更确定。同样，我们也可以从口头单词说起，它可引起对书面单词形象的知觉。

再者，我们为什么要说 tree（树）这个单词——口头或书面——对我们来说是一个代表树的符号呢？该单词和树本身是平等地进入我们的经验的；抽象地看待这个问题，把该单词当作表示树的符号，将树当作表示单词 tree 的符号，这两者都是同样合情合理的。

事情确实如此，人的天性有时就是那样活动的。举例来说，如果你是一位诗人，想写一首关于树的抒情诗，你会走进树林，以期树会暗示一些恰当的词语。因此，对于那位处于创作的狂喜中（也许是极度痛苦中）的诗人，树便是符号，词语便是意义。他集中精力于树，以便获得词语。

然而我们中的大多数人并非诗人，尽管我们怀着适当的敬意阅读他们的抒情诗。对于我们来说，诗的词语是符号，它们使我们体会到诗人在树林中的那种狂喜。诗人是那样一种人，对于他来说，有形的景象、声音以及情感经验是指代词语的符号。诗人的读者则是另一种人，对于他们来说，诗人的词语是指代他所想唤起的景象、声音和情感的符号。所以在使用语言的过程中，存在着一种双重的符号指称——说者以物指词，听者则逆而以词指物。

当人的某桩经验行动中存在着符号指称时，首先便存在着彼此间有一种客观关系的两组成分，这一关系在不同的情况中会有很大的不同。其次，知觉者的整体结构必须将符号指称从一组成分（即符号）实现于另一组成分（即意义）。最后，至于哪一组成分构成符号，哪一组成分构成意义，这一问题也取决于那一经验行动的独特结构。

第八节 直接表象

在讨论诗人及引发他的诗歌的那些情况时，我们已举例说明了符号的最基本的用法。我们那儿说的是词语指称事物的一个特殊事例。但是词语与事物的这一普遍关系乃是一个更普遍事实中的特殊事例。我们对外部世界的知觉可分为两种内容：一种就是通过我们直接感觉的投射，对当前世界进行常见的那种直接的表现。这种表现为我们决定了当前物质实有的特征。这一类知觉就是对我们周围的直接世界的经验，该世界被依赖于我们身体各相关部分的直接情况的那些感觉予料装饰起来。生理学最终确立了这后一事实，但是生理学的那些细节与目前的哲学讨论无关，只会把问题弄混乱。"感觉予料"是个现代术语，休谟用的术语是"印象"（impression）。

对于人来说，这类经验是生动的，它所展示的空间区域和当前世界内的诸关系尤其分明。

在谈到"我们感觉的投射"时，我曾使用了家常的语言，那种语言是非常误导人的。不存在任何纯感觉，它们首先被经验到，然后被"投射"入脚中以作为脚的感觉，或者"投射"到对面的墙上作为墙的颜色。投射这一行动是整个情况不可分割的一部分，它同感觉予料一样是原初的。感觉被投射到墙上，然后表现为某种颜色，这样说既是准确的又具有误导性。使用"墙"这个词同样也有误导性，因为它暗示了用符号的方法从另一类知觉方式得来的资料（information）。这一所谓的"墙"是用纯直接表象的方式揭示出来的，它只是以空间广延的面目，伴随着空间透视，也伴随着感觉予料（在这个例子中就只是所化为的颜色），而将自己提供给我们的经验。

我说墙以那样的面目将**自己**提供给经验，而不说它把这些普遍的特性一并提供给经验。因为这些特性之所以联系在一起，是因为它们展示了在一个包括我们在内的共同世界之中的某一事物，那一事物被我称之为"墙"。我们的知觉并不局限于普遍特性；我们并不感知脱离实体的颜色，或者脱离实体的广延：我们感知的是**那面墙的**颜色及广延。被经验到的事实是"我们面前墙上的颜色"。所以，颜色及空间透视都是抽象的元素，它们描述墙进入我们经验的具体方式。所以它们是"当时的知觉者"与被我们称为"当时的墙"的那一同样实际的实有（或一组实有）二者之间的联系元素。但是单纯的颜色和单纯的空间透视是非常抽象的实有，因为人们只有忽略了当时的墙和当时的知觉者二者间的关系才能得出它们。这一具体的关系是一桩实实在在的事实，它对于墙可能是很不重要的，而对于知觉者却可能是很重要的。空间关系对于墙和知觉者都是必不可少的，但是该关系的颜色方面在那一刻对于墙却是无关紧要的，虽然它是知觉者结构中的一部分。在这种意义上，且由于要服从于自己的空间关系，共时事件是各自独立发生的。我把这类经验称之为"直接表象"。它表明共时事件是如何彼此相关同时又保持着各自的独立性的。这一独立中的相关性是共时性的一个独特的特点。这一直接表象只在高级机体中才是重要的，它是一桩可能会进入，也可能不会进入意识的物质性事实。能不能进入取决于意识的关注程度，以及概念性功能作用的活动；物质经验和概念性想象就是通过概念性功能作用的活动而融合成知识的。

第九节 知觉经验

"经验"一语是哲学中最令人弄不明白的术语之一。要充分讨论它,得写一篇专题论文。在我对它的分析中,我只能说明那些与目前的论证有关的元素。

如果我们的经验主要是指我们对一个由其他事物(它们如同我们一样的实际)所组成的固体世界的直接认识,那么它就具有三种主要的独立方式,每一种方式都提供它的那一份额的成分,以帮助每个人达到某一具体时刻的人类经验。我将把这些方式中的两种称为知觉方式,第三种我则称之为概念分析方式。关于纯知觉,我把头两种中的一种称为"直接表象"方式,另一种称为"因果效验"方式。这两种方式都向人的经验中引入了那样一些成分,它们再次被分析成实际世界中的实际事物,也被分析为抽象的属性、性质和关系,以表明那些其他的实际事物是如何将自己作为构成成分提供给我们的个人经验的。这些抽象概念表明其他的实际物是如何成为我们的构成对象的。所以我将说,它们为我们而将我们"环境"中的实际事物"客观化"了。我们的最直接的环境就是由我们自己身体的各个器官构成的。我们的更远一点的环境则是与我们相邻的物质世界。但是"环境"一语指的是那些其他的实际事物,它们被以某种重要的方式"客观化"了,以便形成我们个人经验中的构成成分。

第十节 知觉经验中的符号指称

两种分明的知觉方式中,一种以直接表象的面目"客观化"实际事物,另一种(我尚未讨论它)则以因果效验的面目"客观化"它们。这两种方式借以融为一种知觉的那一合成活动就是我所谓的"符号指称"。通过符号指称,分别被两种方式所揭示的形形色色的实际(actualities)或则被等同了,或则至少被当作我们环境中的相互联系的元素而相互关联起来了。因此,符号指称的结果就是我们所见的实际世界的那个样子,也就是我们经验中能产生感觉、情感、满足、行为的那桩予料,以及最后,当我们的心理以它的概念分析介入时,那个供意识认识的主题。所谓"直接认识",就是以一种纯粹的方式有意识地认识一桩知觉对象,不用符号指称的方法。

在很多方面,符号指称可能是错误的。我的意思是说,有的"直接认识"在报道现实世界时,与意识对来自符号指称的那一综合性产物的认识不一致。因此,错误主要是符号指称的产物,而不是概念分析的产物。同时,符号指称也不主要是概念分析的产物,虽然它主要是由其促进的。因为符号指称还在经验中占支配地位时,那样的精神分析只处于低潮。我们都知道伊索的那个关于狗的寓言,它去抓水中肉的影子而丢掉了自己口中的那片肉。然而我们一定不要对错误作出太严重的判断。在精神进步的初始阶段，符号指称中的错误是促进想象自由的训练。伊索寓言中的狗诚然失去了它的那片肉，然而它却在通往自由想象的道路上迈进了一步。

所以，符号指称必须先于概念分析得到解释，虽然它们二者之间有一种使得彼此得到促进的强烈相互作用。

第十一节 精神的和物质的

为了尽可能地让人明白，我们可能暗中就将符号指称归于了精神活动，因而避免了作详细的解释。我们把哪些经验活动称为精神的，哪些称为物质的，这纯粹是个习惯问题。就我个人来说，我宁可将精神限定为不仅包括知觉对象而且还包括概念的那些经验活动。但是我们的知觉中有很多是提高了的精微活动，它们产生于与感知同时进行的概念分析。所以，事实上我们不能在经验的物质组成部分和精神组成部分二者间划一条分明的界限。但是，任何意识认识都不能避免精神以概念分析的形式介入。

以后有必要稍稍提一下概念分析，但目前我必须假定意识及它对经验的部分分析，然后回到关于两种纯知觉方式的话题上去。我此处要提出的观点是，低级的纯物质机体之所以不会犯错，并非主要是因为它们缺乏思想，而是因为它们缺乏表象直接性。伊索寓言中的那只狗思考力很差，它之所以犯错是因为它从直接表象到因果效验进行了错误的符号指称。简言之，真理和错误之所以存在于世界是由于综合的原因。每一桩实际事物都是综合的，而符号指称就是综合活动中的一种原始形式，通过它，实际的东西从它的特定阶段产生了。

第十二节　感觉予料的作用以及直接表象里的空间

所谓"直接表象"，我指的是通常被称为"感官知觉"的东西。但是我使用前一术语是有所限制、有所引申的，它们是后一术语的通常用法中没有的东西。

直接表象是我们对当前外部世界的直接知觉；外部世界是作为一个构成我们自己经验的元素而出现的。在它出现的过程中，世界将自己展示为一个由众实际事物组成的共同体；那些事物是实际的，正如我们自己是实际的。

世界是由于颜色、声音、味道等性质的媒介作用而出现的。这些性质可以同样真实地被描述为我们的感觉，或我们所知觉的实际事物的性质。因此，这些性质是在知觉的主体和被知觉的事物之间起联系作用的。只有用这样的方法才可将它们孤立起来，即把它们从知觉物相互之间的，以及它们与知觉主体之间的空间联系的体系中抽取出来。这一空间广延联系是一个完整的体系,在观察者和被知觉事物之间不偏不倚。它是由组成当前世界这一共同体的那些复杂机体构成的一个形态学体系。每一实际物质机体进入其同时期机体的构造时,其方式必须符合这一体系。所以,感觉预料,比如颜色等,或身体感觉,都以这一空间体系所提供的透视法将广延的物质实有引入我们的经验。这些空间关系本身是普通的抽象概念,这些感觉预料也是普通的抽象概念。但是由这些空间关系提供给感觉预料的那些透视法却是一些特别的关系,通过它们,外部的当前事物在这一程度上成了我们经验的一部分。被当作"客体"而被如此地引入经验的这些当前的机体,包括了我们身体的不同器官,于是感觉预料就被称之为身体的感受。身体器官,以及对我们的知觉的这一方式作出重要贡献的那些其他外部事物,共同构成了知觉机体的当前环境。关于直接表象的主要事实就是:(1)相关感觉预料依赖知觉机体以及它与被知觉的诸机体的关系;(2)当前世界被表现为是广延的,是一个充满机体的空间;(3)直接的表象只是一些高级机体经验中的一个重要因素,在其他机体中它只处于萌芽状态,或者完全可以忽略不计。

因此,用直接表象揭示一个当前世界与揭示一个由实际事物组成的统一体这二者是密切相关的,因为它们都加入了一个不偏不倚的空间广延体系。在这之外,纯直接表象所提供的知识便是清晰的、精确的、贫瘠的。在很大程度上，它也是可以随意控制的。我的意思是说，在相当的程度上，一刻的经验通过抑制、加强，或其他修改手段，可以预先决定在紧接那一刻之后的经验中的直接表象的特色。这一知觉方式，纯粹就它自身而言，是贫瘠的，因为我们不可能直接将其他事物的性质表象与这些事物的任何本质特点联系起来。我们看到一张有颜色椅子的影像，它给我们展现了镜子后的一个空间；然而，我们并未因此而得知镜子后空间的任何本质性质。但是，在一面好的镜子里那样地看到的影像，直接表象了颜色，该颜色限定了镜子后的世界，这同我们转身直接看到椅子一样，都是一种直接表象。纯粹的直接表象拒绝被分为错觉和非错觉。它或则是对一个恰好在自己空间位置上的外部当前世界的完全直接表象，或则一点也不是。包含在直接表象中的感觉予料在世界上具有更广泛的关系，不是当前事物所能表达的。脱离了这一更广泛的关系，就无法决定感觉予料对当前客体进行明显限制的价值。正因为这一理由，"单纯表象"一语就暗含有贫瘠的意思。要理解这一感觉予料的更广泛关系，唯有考察另一种知觉方式，即因果效验方式，才能达到目的。但是由于当前事物被单纯的直接表象联系在一起，除了它们在当前有空间关系外，它们的发生完全是独立的。而且对于大多数的事件来说，我们可推断，它们的内在的直接表象经验仅处于萌芽状态，可以忽略不计。这一知觉方式仅对于少数的复杂机体才是重要的。

第十三节　客观化

在解释直接表象的这一过程中，我一直遵守着这一区分：实际事物既**客观地**存在于我们的经验之中，又**在形式上**存在于自我的完整性中。我认为，直接表象就是共时的事物"客观地"存在于我们经验中的那种独特方式。我也认为，在构成引进方式中的诸因素的那些抽象实有中，存在着通常被称为感觉予料的那些抽象概念——比如颜色、声音、味道，以及身体的感受。

所以"客观化"本身就是抽象，因为没有任何实际事物是在"形式上"完整地"被客观化"的。抽象表达了自然所具有的相互作用的方式，因而它不仅仅是精神的。当思想进行抽象时，它只是在遵从自然，或者毋宁说，它在将自己表现为自然中的一个要素。综合和分析是相互需要的。如果你坚持认为实际世界是由一些各具特色或性质的被动实际实体组成的集合体，那么这样一种观点便是自相矛盾的。在那种情况下，这样提问显然就是胡说了：一个那样的实体怎样才能构成另一个那样的实体的结构中的成分？只要人们坚持认为实际世界是那样的一个集合体，他们就很难把每一个实际的实体称为一个事件，或一个模式，或一个事态，借以解决这个难题。这个难题是因那一观点而生的，它的难处在于要解释：既然每一单个实体都是实际的，那么，诸实体怎样才可能实际上在一起？但此处采用的世界观就是功能活动观。我这样说的意思是，每一实际物，都是由于它的活动而成为某物的；通过活动，它的天性表现在它与其他事物的关联性中，它的个性则表现在它与其他相关事物的综合之中。要考察任何一个个体，我们都必须问，其他的个体是如何"客观地"进入它的经验的整体的。它自己的这一经验整体就是那个**形式地**存在着的个体。我们还必须考察它是如何进入其他事物的"形式的"存在的。这一进入的意思就是，那一**客观地**存在着的（即抽象地存在着的）个体，仅表现出它形式内容中的某些要素。

在这样的世界观下，当我们谈到任何实际个体时，比方说——个人，我们肯定是指处于他的经验中的某一事态中的人。那样的一个事态或行动，是复合的，因此可被分析为不同的阶段或另外的组成成分。它是最具体的实际实有，而人从生到死的整个一生就是由那样的事态组成的一条历史路径。这些具体的时刻被维系在一起形成一个群集（society），这是因为，它们的形式部分地相同，也是因为生命史上的每一时刻所聚集在自身之内的它的前行者，达到了奇特的饱和。位于某一时刻的人将自己过去之色彩聚集于己身，而他便是该色彩的结果。与"位于那样一个时刻的人"相较,"位于自己整个生命历史的人"就是一个抽象概念了。因此,关于某一特殊的人的概念,就有三个不同的意思——比如尤利乌斯·恺撒。"恺撒"一词可指"处于他生命的某一事态中的恺撒",这是最具体的意义。也可指"恺撒从生到遇刺的整个历史路径",也可指"在恺撒生命的每一事态中被重复的那个共同形式或模式"。你可合法地选择这些意思中的任意一个;但是一旦选定,你就必须在那样的语境中坚持它。

这一关于持久机体生命史性质的学说适于所有类型的机体,无论是人,或是电子,只要它形成了一个经验的整体。但是,人所获得的大量的经验内容是电子无法获得的。每当"不全宁无"的原则适用的时候,我们在某种程度上就是在同一个实际实有打交道,而不是同由那样的实有组成的一个群集打交道,也不是在分析构成那样一个实有的诸成分。

本演讲坚持直接经验外部世界的学说。要充分展开这一论点,不可能不远离本题。我愿建议诸位去读桑塔亚那的近作《怀疑主义及动物信仰》(*Skepticism and Animal Faith*)的第一部分。它结论性地证明了,"此刻唯我主义"——或换言之,彻底的怀疑主义(它来自对直接经验外部世界这一学说的否定)——是无效的。我的第二个论点(恐怕无须借助桑塔亚那的权威)就是:如果你一贯坚持那样一种直接的个体经验,你在哲学构想上便会被推向一种世界观,它认为世界就是功能活动的相互作用。通过这种相互作用，每一具体的个体事物从它与由其他具体个体组成的固定世界的明确关系中产生出来。至少，只要世界是过去的、固定的，情况就是如此。

第二章

第一节　休谟论因果效验

　　本书的论旨是：人类的符号使用始于用符号来表示直接知觉外部世界的两种分明不同的方式之间的相互作用。这样一来，关于外部世界的资料就有两个来源，它们紧密联系，却又各自分明不同。这两种方式并不彼此重复，而且资料也有实在的差异。在一方模糊处，另一方却是精确的；在一方重要处，另一方却无足轻重。但是这两种表象体系却有共同的结构要素，这证明它们都是表象同一世界的体系。然而一旦要测定这两种形态间的对应性时，便发现了它们之间的差异。这两种体系只是部分地交叉，它们真正的融合尚处于不定状态。符号指称导致了情感、目的和信仰的转移，理性地将来自两个体系的直接资料与两个体系的交叉元素进行比较却并不能证明这一转移是合理的。那样的证明也就只好实事求是地求助于将来了。照这样,基于后续经验的理性批判就能扩大和纯化那原初的、朴素的符号转移了。

我把一种知觉方式称之为"直接表象",另一种称之为"因果效验"。在上次演讲中,直接表象方式已得到充分讨论。这次演讲就该以讨论"因果效验"开始了。你们会很清楚,我这是在反驳最受珍爱的现代哲学传统,这一传统既含有源自休谟的经验主义学派,又含有源自康德的超验唯心主义学派。不必多费口舌来证明我对现代哲学传统的这一概括性解释的合理性了。一些引文将足以清楚地总结出这两类思想所共有的东西,而我与它们却是背离的。休谟写道:

> 当两个对象连同它们的关系出现在感觉中时,我们把这叫作知觉而不是推理;在这种情况下,确切地说来,并不存在思想的任何作用,也不存在任何行动,不过就是通过感觉器官被动地接受印象罢了。根据这种思想方式,我们就不应该把我们所作的关于时间和地点的同一性及关系的那些观察视为推理;因为在这些观察中,心灵都不能超越直接呈现于感觉的那些东西,去发现对象的实在存在,或对象间的关系。①

---

① 《人性论》第一卷第三章第二节。——原注

这段话的全部要义在于，它暗中预设心灵只是一个被动的接收实体，它的"印象"形成了它自己的那一由偶然事件组成的私人世界。于是，除了直接的这些私自的属性连同它们的私自关系（它们也是心灵的属性）外，就什么也未剩下了。公开地，休谟是拒斥这种有关心灵的实体论的。

但是这段话最后一个句子的最后一个分句，从"因为"到"对象间的关系"，它的要义又是什么呢？认为"印象"没有能力表现"对象的实在存在或对象间的关系"，唯一的理由就是这一暗含的意思：那样的印象只是心灵私自的属性。我已对你们提起过桑塔亚那的《怀疑主义及动物信仰》，在该书的头几章，作者通过巧妙的阐述，坚定而彻底地坚持了这样一个看法：以休谟的前提，人们只好否认同一性、时间和空间与一个实在世界有任何关系。最后只剩下桑塔亚那所谓的"此刻唯我主义"。甚至记忆都要被否认，因为记忆印象并非对记忆的印象。它只是又一个直接的私自印象。

无须在因果论方面举休谟为例了，因为前面的引文已传达了他的整个怀疑主义立场。但有必要引用一段关于实体的引文，来解释他那有关这点的公开学说（它明显不同于零星的、含蓄的推测）有何根据：

> 那些哲学家把他们的推理如此多地建立在对实体和偶然性的区分上，而且想象我们对二者都有明晰的

认识，我想问一下他们：关于实体的观念是来自感觉印象呢，还是反省印象？如果它是我们的感官传递给我们的，请问，是感官中的哪一个？以何种方式？如果它是被眼睛知觉到的，那它肯定是颜色；如果是被耳朵，则肯定是声音；如果是被味觉，则肯定是味道；其他感官，也是一样。但是我相信，谁也不会声称实体是一种颜色，或声音，或味道。所以关于实体的观念，肯定来自一种反省印象，如果它真的存在的话。但是，反省的印象将自己化为我们的激情和情绪，它们中没有谁可能表现实体。所以，我们并无关于实体的观念，一个截然不同于由诸特殊性质组成的一个集合体的观念，我们谈论实体或就它进行推理时，也没有任何其他意义。①

这段文字涉及一个关于"实体"的概念，对此概念我不接受。所以说，它是在间接地反驳我的主张。我之所以引用它，是因为它最明显地表现了休谟最初的这些假定：(1)直接表象，以及在表象上是直接的那些实有之间的诸关系，构成了唯一的一类知觉经验；(2)直接表象不包括任何论证性因素，用以揭示一个由广延实际事物组成的共时世界。

后来在《人性论》中，休谟在"物体"这一标题下讨论

---

① 见休谟《人性论》第一卷第一章第六节。——原注

了这一问题，并作出了类似的怀疑主义的结论。这些结论基于特别天真的假定，即将时间假定为纯粹的接续。这一假定之所以天真，因为这样说是很自然的事。之所以很自然，是因为它遗漏了时间的那样一个特征，它与时间紧密地交织着，乃至自然地就被省略了。

就我们所知，时间是我们的经验行为的接续，而且由此可引申为在那些行为中被客观地知觉到的事件的接续。但是，这一接续并非纯粹的接续：它是从状态到状态的派生，后一状态符合前一状态。具体的时间就是状态与状态——后一状态与前一状态——的符合；而纯粹的接续则是从固定的过去与派生的当前二者间不可逆转的关系中抽象出的概念。纯粹接续的概念类似于颜色的概念。不存在单纯的颜色，而总是只有红、蓝这样的具体的颜色；同样地，不存在纯粹的接续，而总是存在着某种具体的关联的基础，根据它，时期一个接一个地相续。整数以一种方式相续，事件以另一种方式相续；而当我们从这些接续方式进行抽象时，我们就发现，纯粹的接续是一种二级抽象，即一种省略了时间的暂时特征和整数间的数字关系的一般抽象。过去包含着一个由固定行为组成的共同体，通过在当前行为中的客观化，那些固定行为建立起了那一当前行为必须符合的条件。

亚里士多德认为"质料"（ὐλy）是纯潜能，等待着形式的到来以便成为实际的。于是，采用亚里士多德的概念，我们就可以说,纯潜能的局限(它是由固定过去的"客观化"建立起来的)表现了那种"自然的潜能"(或自然中的潜能)。它就是以初始的、实现了的形式为基础的"质料"。在当前事态自我创造的过程中,该形式被预设为第一阶段。此处,"纯潜能"的概念代替了亚里士多德的"质料";"自然潜能"就是那样的"质料",它已被施加了形式,于是每一实际物便从中产生。经验所有的给定成分都将在分析自然潜能的过程中被发现。因此直接的当前必须符合过去对它所呈现的那个样子,而单纯的时间流逝就是从"符合"过程中的更具体的关联性中抽象出来的概念。实际事物的"实体的"特性主要并不是对性质的断定。它表达了这样一个顽固的事实:凡是固定的、实际的东西,自我创造活动就应在一定程度上符合它。"顽固的事实"一语确切地表达了人们对这一特征的普遍理解。它的第一个阶段(每一实际物就是从中出现的)就是支撑它存在的那一顽固事实。根据休谟的看法,并不存在顽固的事实。休谟的学说可能是好的哲学,但它却显然不是常识。换言之,它会在明显证据的最终检测面前失败。

第二节 康德与因果效验

超验唯心主义学派出自康德,他们承认,因果效验是现象世界中的一个因素，但同时又坚持认为它并不属于被预设于知觉中的单纯的予料。它属于我们的关于予料的思想方式。我们的关于被知觉世界的意识为我们产生了一个客观的体系，它是单纯予料和关于那些予料的诸思想方式二者的融合。

康德学派的这一看法，其通常的理由是，直接知觉使我们认识到特殊事实。而特殊事实，不过就是作为特殊予料发生的事。但是我们相信关于一切特殊事实的普遍原理。那样的普遍知识不能从任选的特殊事实获得；它们中的每一个事实不过就是发生了而已。所以我们的这一根深蒂固的信念只有用这样的学说来解释：被意识认识到的特殊事实是单纯特殊予料和思想的融合，思想依照范畴而发生作用，范畴则将自己的普遍性输入被修改后的予料中。所以，意识中的现象世界是由连贯的判断组成的一个复合体，它是根据诸固定的思想范畴构成的，它的内容是由已知的予料构成的，而那些予料则是根据直觉的诸固定形式组织起来的。

康德的这一学说接受了休谟将单纯予料天真地预设为"简单偶发事件"的作法。我在别的地方称它为对"简单位置"的假设，它实际上就是将"简单偶发事件"的学说应用于时间和空间。

我直率地否认这一关于"简单偶发事件"的学说。并不存在任何"简单发生"的事。这样的信念基于那毫无根据的时间是"纯粹接续"的学说。另外的一种学说则认为，时间的纯粹接续只是对基本符合关系的抽象。这一学说，扫荡尽了思想或直觉的基础，使得它们在被直接理解的世界的形成过程中，完全没有可能作为构建成分介入。真理的普遍性来自相对性的普遍性；由于相对性的普遍性，每一特殊的实际事物对于宇宙便有了与之保持一致的义务。因此，在分析特殊事物的过程中，普遍真理，即那些表现了这一义务的真理，便是可发现的。经验的给定性——也就是说，经验的所有予料，无论是普遍真理或特殊感觉对象，或预设的综合形式——表达了该经验行为的这样一个特别的特点：它与宇宙固定的实际性（那是一切条件的来源）在时间上是有关系的，"具体性误置"的谬误抽去了时间的这一特别的特点，而只留给它纯粹接续的那一仅是普遍的特点。

第三节　对因果效验的直接知觉

休谟的追随者和康德的追随者都在这个意义上反对直接知觉因果效验的说法：对因果效验的直接知觉先于对它的思想。但他们彼此间的意见又有所不同。两个学派都认为，"因果效验"是将一种对于予料进行思考或判断的方式输入了予料。一个学派称它为一种思想习惯，另一个则称它为一种思想范畴。对他们二者来说，单纯的予料也是纯粹的感觉予料。

如果休谟和康德之中有一个适当地解释一下因果效验的情况，我们就会发现，我们的意识对于因果效验的理解，在一定程度上取决于在进行理解的那一刻，思想当时的生动性，或者对感觉予料所进行的纯本能分辨的生动性。因为，理解，作为思想之产物，当思想处于不活跃状态时，它的价值会降低。再者，根据休谟和康德的这一解释，有关思想就是对直接的感觉予料的思想。据此，直接表象的感觉予料，它的一定程度的生动性会有利于理解因果效验，因为根据这些解释，因果效验的感知方式，不过就是一种思考在直接表象中被给予的感觉予料的方式。因此，思想的压抑和感觉予料的模糊都极端不利于突出因果效验这一经验中的要素。

我们已经指出，对因果效验的直接知觉，其逻辑上的困难就在于，单纯地把时间假定为仅是一个关于纯粹接续的普遍概念。这是"具体性误置"谬误的一例。因此现在就该从经验上来考察，我们对因果效验的理解是否在事实上的确取决于感觉予料的生动性，或思想的活跃性。

根据这两个学派，因果效验，以及作为例子说明了因果效验的先决条件的行为，它们之所以有价值，应该说主要是因为它们是高级机体处于最佳时刻时的特征。如果我们依靠复杂的推理致力于长远地分辨原因和结果，那么我们无疑便需要那样的高级精神，以及对感觉予料的那种准确的决定。但是，那样的推理，它的每一个步骤都取决于，与直接过去的固定环境相符的直接当前时刻最初是怎样被预设的。我们不应该致力于以昨天推断今天,甚至不应以五分钟前推断直接当前。我们在考虑直接当前时,应将它与直接过去联系起来。在当前行为中,我们会发现,事实与此前的固定事实最为相符。

照我的观点,当前事实与直接过去相符的这种情况,在低级机体的外在行为和意识中都是更突出的。花比人更明确地朝向光,石头比花更明确地与它的外在环境所规定的条件保持一致。狗明确地预见到直接将来与它当前活动相符,其明确的程度同人所预见的是一样的。但一旦事关预谋或长远的推断,狗就不行了。但是,狗不会作出直接将来与当前无关的样子。行为上的犹豫是由于意识到了略为遥远的、与当前相关的将来,同时又无力估计它的确切的类型。如果我们没有意识到相关性,在突然的事变面前我们为什么会犹豫不决呢?

再则,众所周知,对直接感觉予料的强烈享有会妨碍对将来和现在二者间相关性的理解。因为,在那种情况下,当前时刻便成为最重要的了。在我们的意识中,它近似于"简单偶发事件"。

某些情绪,诸如愤怒和恐怖,易于妨碍人对感觉予料的理解。但是它们整体上取决于人对直接过去与当前二者间,以及当前与将来二者间相关性的生动理解。再者,对熟悉的感觉予料进行抑制会造成一种因为当前模糊而产生的可怕感觉，那会或好或坏地影响我们的命运。大多数的生物出自白日的习惯，在黑暗中不见了平时熟悉的视觉感觉予料，会显得更紧张。但是根据休谟，对感觉予料的熟悉，才正是因果推断所需要的。如此说来，在黑暗中感到有一些看不见却又有影响的东西，这种感觉是不该发生的了。

第四节　因果效验的原始性

感到自己符合环境中的诸实在物，这一知觉是我们外部经验中的一个原始要素。我们与我们的身体器官相符，进而与位于它们之外的模糊世界相符。我们的原始知觉就是对"符合性"的模糊知觉，以及对更模糊的相关物"本身"，以及混沌背景中的"又一"相关物的知觉。当然，如果关系是不可知觉的，那样的一种学说便该在理论上被取消。但是，如果我们承认那样的知觉，那么对符合性的知觉便具有原始要素的每一特征。我们经验中的一部分乃是便于使用的，在我们的意识中是确定的，同时也容易随心所欲地复制。另一类经验，无论何等执着，却是模糊而飘忽的，不可驾驭。前一类经验，尽管它有装饰性的感官经验，却是贫瘠的。它展示了一个掩藏在某种偶然表现之下的世界，该偶然表现所表现的，是我们自己身体的产物。后一类经验则与过去的事物有大量的联系，该联系制约着我们的直接自身。这后一类经验，即因果效验方式，是支配原始有生命的机体的经验，那些有生命的机体能察觉它们所出自的命运，也能察觉它们所奔向的命运——它们即那些既前进又后退，但却几乎不区别任何直接表现的机体。这是一类量多而原始的经验。前一类经验，即直接表象，是复杂性、精微性的表面产物。它止于当前，沉溺于从事物直接展现所获得的一种尚可操纵的自我享受。而我们生命中的那些时期——当我们最强烈地知觉到，来自一个由自具特性（那些特性很神秘地铸就了我们的天性）的诸事物组成的世界的压力时——则是经验向某种原始状态回归的产物。发生这样一种回归，或则由于人的机体的某种原始功能活动非同寻常地强化了，或则由于我们习惯性的感官知觉中的相当一部分非同寻常地弱化了。

愤怒、憎恨、恐惧、恐怖、吸引、爱、饥饿、迫切、极度的愉快，这些都是与"撤自"（retreat from）和"扩向"（expansion towards）这样的原始功能活动有密切关系的感受和情绪。它们之所以作为状态出现在更高级的机体中，是由于机体强烈地领悟到某一那种原始类型的功能活动正在支配着机体。但是"撤自"和"扩向"这两种功能活动是摆脱了任何详细的空间区分的，它们不过是当外在事物使我们对其特点留下印象时，我们对其方式所作出的反应。你不能从单纯的主观撤出,因为主观是与我们相随的东西。很正常地,我们几乎不能对我们身体内的器官进行感官表象。

我们具有这些原始情绪的同时,也最清楚地意识到了那些反作用于我们的其他实际事物。这一意识一般是显明的,与我们五种感官中的任意一种的功能作用所产生的意识同样显明。当我们憎恨时,我们所恨的是一个人,一个有因果关系的人,而不是一个感觉予料的集合体。当人们在强调偶发事件的实际方面时(这种强调在现代哲学思想中是很突出的),对"符合性"的知觉的这一原始的显明性得到了说明。如果我们不承认符合性原则,任何事物都不会有有用的方面。根据符合性原则,已成的东西才会成为将成的东西中的一个决定因素。实际方面的显明性不过就是对符合性这一事实进行知觉时该行为的显明性。

在实践中我们从不怀疑当前与直接的过去是相符的。这属于经验的基本特征,正如直接表象也是经验的基本特征一样。当前事实显然是它的前行者(即四分之一秒前的事实)的结果。意外的因素可能已介入;炸药可能已爆炸。然而,无论其多么可能,当前事件总是在直接过去的实际性质所施加的局限下产生问题。如果炸药爆炸,那么当前事实也是与炸药爆炸相符的那一过去的结果。更有甚者,我们可以毫不犹豫地向回推论,得出这一结论:将过去作一全面的分析,肯定就会在其中揭示出那些为当前提供条件的因素。如果炸药现在要爆炸，那么在直接的过去就存在着一定量的未爆炸的炸药。

我们的意识局限于对当前经验的分析，这一事实是不难理解的。因为关于实际个体事物普遍相关的理论，导致人们去区分当前时刻的经验（它是意识分析的唯一予料）与对同时期世界的知觉（它是这一予料中的唯一因素）。

直接表象相对空洞，因果效验却揭示出深邃意义，这二者间的对比就是世界那挥之不去的伤感（pathos）的根源。

pereunt et imputantur（时光长逝，虽逝犹存），这是宗教建筑物上的铭文。

此处 pereunt 指的是用直接表象展现出的世界，五光十色，不断流逝，实质上没有意义。Imputantur 指的是以因果效验展现出的世界，其中每一事件都以其个性或好或坏地影响着将来的世代。几乎所有的伤感都包含对时间流逝的提及。

济慈的诗《圣阿格尼斯节前夜》的最后一节是以这样令人难以忘怀的诗行开始的：

> 他们已逝去：唉，数代以前
> 那些情人们便逃离而进入风暴。

其中有对时间流逝的感受，那是因为在想象中，两种知觉方式经一种强烈情感而融合在一起了。莎士比亚，在现代

世界的春天里表现了直接快乐的那种感染力,因而将两种因素融合在一起了:

……水仙花

在燕子尚未归来时,就在三月的春风里艳艳地绽放。

《冬天的故事》第四幕第二场

但是有时候,人过度地专注于事物性质中的因果因素。于是在某一疲倦的时刻突然地放松,世界的单纯表象方面便会呈压倒之势,使人感到世界是空虚的。威廉·皮特是法国革命战争那一最黑暗时期的英国首相。当英国在该战争中正处于最困难的时刻时,他濒于死亡了。人们听见他在嘟囔:"我们是些什么样的幽灵啊,我们追求的是些什么样的影子啊!"他的心突然失去了因果效验感,回忆起强烈的情感才使之受到启发。那回忆笼罩他的生命,与在感官表象中逝去的世界的贫瘠的空洞形成对比。

在感官表象中被展现的世界,并非较低级的机体原本就有,后来又因向因果效验的推断而变得成熟的那种经验。情况恰好相反。首先,经验的因果方面占主导地位,然后感官表象在精微性方面有了增进。最后,意识和批判性的推理,借助于对结果的实际追求,清除了它们二者间相互的符号指称。

第五节　诸知觉方式的交点

来自一种方式的知觉对象与来自另一种方式的知觉对象二者之间不可能存在符号指称，除非这些知觉对象在某种方式上是相交的。所谓"相交"，我的意思是，一对那样的知觉对象必须有共同的结构要素，据此，它们被选中来进行符号指称。

有两个共同的结构要素，可以为来自直接表象的知觉对象和来自因果效验的知觉对象所分享，它们是：（1）感觉予料，（2）位置。

感觉予料对于直接表象来说是"给定的"。感觉予料的这种给定性被看成是这一知觉方式的基础，这正是休谟和康德共同的重要学说。但是已经给予经验的东西只可能从那种自然的潜能中获得，该潜能以因果效验的方式形成特殊的经验。因果效验是固定的过去在当前形成的过程中的那只手。因此，感觉予料在知觉过程中必须发挥一种双重作用。以直接表象的方式，它们被用来表现处于各种空间关系的同时期的世界。以因果效验的方式，它们将自己的特点施加给相关的经验，因而表现了几乎是即刻先前的身体器官。我们看见图画，我们是用眼睛看见的；我们触摸木头，我们是用手触摸的；我们闻玫瑰花，我们是用鼻子闻的；我们听见铃声，我们是用耳朵听的；我们品尝糖，我们是用味觉品尝的。就身体感受而言，两个位置是一致的。脚既是发出痛的地方，又是痛的所在地。在我前面的第二个引文中，休谟就暗中坚持了这一双重指称。他写道："如果它是被眼睛知觉到的，那它肯定是颜色；如果是被耳朵，则肯定是声音；如果是被味觉，则肯定是味道；其他感官，也是一样。"因此，他虽然宣称不存在因果关系的知觉，却在暗中预设了它，否则何来"用眼睛""用耳朵""用味觉"的"用"？他的论点预先假设，在直接表象中发挥功能作用的感觉予料是因为在因果效验中发挥功能作用的"眼睛""耳朵""味觉"而被"给定的"。若不如此预先假设，他的论证便陷入了一种恶性复归。因为事情必须重新从眼睛、耳朵、味觉开始；同时还必须在不损害他的论点的情况下解释"用"以及"肯定"的意义。

这一双重指称是整个关于知觉的生理学说的基础。这一学说的细节，在本讨论中，与哲学无关。休谟以其天才的明晰性表达了这一基本论点：在经验行为中发挥作用的感觉予料表明，它们是**被**实际身体器官的因果效验给定的。他是将因果效验当作直接知觉中的一个成分来提及的。休谟的论证首先暗中预设了这两种知觉方式，然后又暗中假定直接表象是唯一的知觉方式。而休谟的追随者们在发展他的学说的过程中又预先假定，直接表象是原始的，因果效验则是其成熟的衍生物。这完全是对证据的颠覆。根据休谟本人的教导，当然还存在着另一种可能性：休谟的门徒们误释了他最终的主张。根据这一假设，他最终对"实践"的诉求即表明，他并不认为当时的形而上学范畴足以解释显明的经验。这一关于休谟的自身信念的理论，照我看来是不大可能的，但是，撇开休谟对自己哲学成就的估价不谈，正是在这个意义上，我们才必须将他当作最伟大的哲学家之一来尊重。

此论证的结论就是：实际世界中任何感觉予料的介入都不能用任何简单的方式来表达，比如将其表述为对某一空间区域的单纯限定，或某种对心态的单纯限定。直接感官知觉所需的感觉予料是凭借环境的效验而进入经验的。该环境包括身体器官。举例来说，当人听见声音时，物理的波进入了耳朵，神经的骚动使得大脑兴奋。于是声音听起来是来自外在世界的某一区域。因此以因果效验方式进行的知觉揭示出这一事实：以感官知觉方式所获的予料是该声音提供的。这便是为什么存在着那样一些给定要素的原因。每一桩那样的予料都构成了两种知觉方式间的一个环节。每一个那样的环节，或予料，进入经验的方式都是复杂的，需要借助两种知觉方式。人们可以这样设想这些感觉予料：它们构建了过去环境中的机体与当前世界中的机体之间那一多向关系的特性。

第六节　局部化

这两种知觉方式在一个结构的局部共同地区直接表现了一个共同世界。那个局部共同地区的产生，是因为它们二者将它们共同的感觉予料归于了它们共有的时空体系中的某些局部区域，那些局部区域或则相异或则相同。比如说，颜色既被归于一个外在的空间，又被归于作为视觉器官的眼睛。只要我们是在运用这两种纯知觉方式中的任意一种，那样的指归就是一种直接表现；当其孤立于意识分析中时，它就是不可能遭反对的终极事实。那样的孤立，或者说接近它的那种情况，对于直接表象是相当容易的事，但是对于因果效验则是很困难的。完全理想纯度的知觉经验，摆脱了任何符号指称，在实践中是这两种知觉方式都达不到的。

由于我们将两种知觉方式之间的符号指称接受为我们直接认识的完成，我们对于因果效验的判断便几乎不可避免地遭到歪曲。这一接受不仅表现在思想中，而且也表现在行动、情绪及目的中，它们都是先于思想的。思想在分析经验时，这一符号指称就是思想的予料。相信该予料，我们的关于宇宙的概念体系总的说来在逻辑上就是自洽的，而且与纯知觉方式的终极事实就是相符的。但是，偶尔地，逻辑上并不一致，或者与纯知觉方式的终极事实并不相符。在那种情况下，我们便修改我们的概念体系，以便保持对符号指称的总的信任。同时把该指称的一定的细节归入错误的范畴。那样的错误被称为"虚妄表象"。这类错误的产生是因为，在以纯因果效验的方式进行知觉时，时空观极端地模糊。只要有什么进入了分析的意识，就不存在对局部区域的充分定义。相关性原理使得我们认为，只要有充分的意识分析，那样的局部关系便会在经验中只留下些微印象。但是总的说来，如此详尽的分析，实非人的意识能力所能及。

就外在于人体的那个世界的因果效验而言，存在着对一个由各种存在（being）组成的周遭效验世界的最执着的知觉。但是在事物间、位置间所作的严格区分却是极端模糊的，几乎可以忽略不计。确切的区分（我们事实上确实是作了的）几乎全都是因为来自直接表象的符号指称而产生的。人体的情况又不同。与直接表象的准确定义相较，（在人体中）仍然存在着模糊性，虽然在调节感觉予料的过程中有效验的各种身体器官的方位，以及各种感受的方位都是以因果效验的纯知觉方式相当严格地界定了的。符号转换当然加强了这一界定。然而没有那样的转换，仍存在着一定充足的明确界限。

因此，在两种知觉方式的相交处，人体（以因果关系被理解的）与外部的同期世界（直接被表象的）这二者间的诸时空关系提供了一个相当确定的时空参照体系。利用它，我们可以检验感觉投射如何使用符号来决定控制自然过程的诸物体之位置。最终，所有的观察，无论是科学的还是一般的，都在于如何决定观察者的身体器官与"被投射的"感觉予料的位置二者之间的空间关系。

第七节　准确定义和重要性的对比

被投射的感觉予料之所以一般被用作符号，其理由在于它们是方便的、确定的、易操纵的。我们可以看，也可以不看，可以听，也可以不听，全凭我们高兴。感觉予料的方便性虽存在着局限，但它们仍是我们知觉世界的诸行为中的明显可操纵的因素。对具有控制力的存在物的感觉则有着相反的特点：它是不可操纵的、模糊的、界定不清楚的。

尽管它们是模糊的，缺乏界定，但是这些具有控制力的存在物，这些力量的源泉，这些具有内在生命及自身丰富内容的事物，这些其性质中蕴含着世界命运的存在，却正是我们想要了解的东西。当我们穿过一条交通繁忙的道路时，我们看见车的颜色、形状，以及车中人快活的神色。但是，在那一瞬间，我们专心于将这一直接表现当作是一个符号，它代表那些决定即刻将来的诸力量。

我们享有符号，但同时我们也深入到意义。符号不会创造出它们的意义：对于我们来说，以实际有效存在的形式反作用于我们的意义,是独立存在的。但符号却为我们发现了这一意义。它们之所以发现它,是因为在有生命的机体适应它们的环境的漫长过程中,自然教会了它们如何使用符号。①意义使我们进步了,于是我们所投射的感觉便大致表明了那些作为重要机体活动中心的区域。

我们与这些机体的关系准确地说来就是我们对它们的反应。我们感觉的投射不过就是对世界的阐释,该世界在空间和时间上同我们的反应所符的那个有条理的体系是部分一致的。

因果效验的诸联结(bond)来自我们之外。它们揭示了我们所出自的那个世界的特点,那是一个我们据以塑造自己的不可避免的条件。直接表象的诸联结则来自我们之内,它们会根据我们是接受或拒绝它们的挑战而遭到加强、抑制或转移。感觉予料不宜被称之为"单纯印象"——除非是用作某种专门性的术语。它们也表现了出自那类积极知觉功能作用的条件,该类知觉功能作用受制于我们自身的天性。但是我们的天性必须符合因果效验。因此,**出自**过去的因果效验,至少是**在**当前产生我们的直接表象的一个因素。我们当前经验的"怎样"(how)必须符合我们过去的"什么"(what)。

---

① 参见《一种唯心主义知识论的开场白》,诺曼·肯普·史密斯著,伦敦:麦克米兰公司1924年版。——原注

我们的经验出自过去，它以情感和目的丰富了自己对同时期世界的表现，同时又将自己的特点遗赠给将来。它以一种有效要素的面貌，总是增添或减少世界的丰富性。无论好坏，"Pereunt et Imputantur."（时光长逝，虽逝犹存。）

第八节　小结

本章和上一章讨论了符号的一般特性。它在一切高级机体的生活方式中发挥了主导作用。它是进步的原因，也是错误的原因。较高级的动物获得了一种巨大的官能，以这种官能，它们能够以一定的准确性界定直接世界里的那些会决定它们将来生活的遥远的特征。但这种官能并非不会犯错，它犯错的风险与其重要性相当。下章的目的，就是要通过分析这一使用符号的习惯在促成人类社会聚合、进步以及分解的过程中所发挥的作用，来阐述这一学说。

第三章　使用符号的诸方法

　　人类对于符号使用的态度是阴晴不定的，时而喜欢，时而排斥。对符号使用的排斥主要是由于人们有注重实际的智力，深入终极事实的理论欲望，以及冷嘲地进行批判的冲动。讲究实际的人要的是事实而不是符号。具有清晰理论的智者充满热情，追求确切的真理不遗余力、不计安危。他们置符号于不顾，认为那完全是虚假的，遮蔽和歪曲了居于人内心的朴素真理；那可是一座圣殿，理性声称该圣殿属于它自己。对人类的蠢行进行冷嘲的批评家们，在清除野蛮的过去中那些象征着想象力衰退的乱七八糟的仪式的过程中，发挥了很明显的作用。拒绝使用符号，这成为文明人文化史上一个突出的要素。唯一合理的怀疑在于，这一持续的批判，在促进健康文明的过程中（这既表现在有序社会的实效方面，又表现在思想发展的健康方向方面），是否发挥了必要的作用。

　　如果没有认识到生活中的符号象征因素犹如热带雨林的

植物,有蔓延的倾向,对于符号用法的解释就不可能是全面的。人类的生活很容易被它的附属的符号所淹没。不断地进行删削,不断地适应总是需要新表现形式的将来,这是每一社会必要的功能。旧的符号成功地适应了社会结构的变化,这正是聪明地治理社会的最终表现。此外,在符号使用上偶然地进行一次革命也是必要的。

然而,有这么一个拉丁语谚语,我们当中有些人年轻时还被要求就它写过文章。用英语说它的意思就是:Nature, expelled with a pitchfork, ever retruns(本性百移而不去)。人类使用符号的历史也证实了这一谚语。无论你如何努力排斥它,它总是去了又回。符号的使用并非是一种无端的想象或腐败的退化,它本来就内在于人类生活的构造之中。语言就是一种符号体系。就像本性挥之不去一样,无论你将人为的作用降低到何等简单的程度,语言作为符号的象征作用仍然存在。它可以算是一种更健康、更坚实的仪式,表现了更精微的观念,但它仍是一套符号。你废除宫廷的那一套暗含着服从尊者意思的繁文缛节,但在正式接见时,你却礼节性地握州长的手。正如关于阶级主从关系(最高级别就是至上的君主)的封建学说需要它的那一套符号,关于人类平等的学说也有一套它自己的符号。人类似乎必须寻找符号来表达自己。的确,"表达"就是"使用符号"。

当国家的公共礼仪被削减到最简单的程度,私人社团和协会立刻就开始重新构建使用符号的行为。人类似乎肯定总是戴着假面。既然人类有这一强烈的冲动，这就说明，将生活中的象征性因素看成是随意的装饰是一种错误的思想方式。这些因素的作用会是确定的、可操纵的、可复制的，也会负载着它们自己的情感效力：符号转移将符号的所有的或一部分这些属性赋予与它们相关的意义，从而将意义上升为一种强烈的确定效果——作为知识、情感和目的中的要素——这是一种意义自身可能值得起也可能值不起的效果。使用符号的目的在于提高符号所代表的对象的重要性。

在讨论符号使用的例子时，我们首先碰到的困难是准确地发现是什么被符号化了。符号其实是相当具体的，但要分析它们背后的东西却极其困难，尽管单纯仪式性行为的背后显然存在着强烈的感召力。

事情似乎可能是这样的：在任何一个延续了很多世代的仪式中，用符号所作的阐释（就我们所能获得的而言）比实际的仪式变化得迅速得多。同时，符号在其流变的过程中，对不同的人会有不同的意义。在任何一个时代，有的人的心态以过去为主，有的以当前为主，还有的以将来为主，更有的则以永不会出现的、有问题的将来为主。对于这些不同的群体，一套古老的符号，其意义会有形形色色的差别。

为了理解符号在任何人类群集生活中的必要作用，我们必须对那些在发挥作用的凝聚和分裂的力量有所估计。人类的群集种类繁多，就细节而言，每一类群集都需进行专门的调查。我们将专注于占据有一定区域的民族。这样一来，地理的统一性便同时预先设定了。具有地理统一性的社群是我们在世界上发现的主要社群类型。事实上越是低级的存在，越需要地理的统一性，以使构成群集的众个体进行密切的相互影响。由更高级的动物、昆虫、分子组成的群集，都具有地理的统一性。一块岩石无非就是一个由分子组成的群集，纵情地从事着分子所能干的每一类活动。我之所以让人注意这类低级形式的群集，主要是为了排斥群集生活是专属于更高级机体的那种看法。实际情况与这种看法恰好相反。就生存值而言，一块具有大约8亿年历史的岩石远远胜过任何民族所具有的短暂历史。生命的出现最好被视为机体对自由的争取，以及对个体独立性的争取；该独立性意味着个体自身的利益与活动，它们不可纯粹依据环境赋予个体的义务来解释。敏感的个性的这一出现，其直接结果就是将群集的生命期缩短了，从数亿年到数百年，甚至到数十年。

有生命的存在物，它们的出现不能归于个体的或群集的优秀生存值。民族生活必须要面对主张个人独特性的这些极端要求所造成的分裂因素。我们既需要因维护群集而带来的好处，又需要派生自自由的异质性所带来的相反的刺激。群集要在它的众个体的奇异多样性中顺利地运行。对于环境的群集特性所施加给个体的单纯的因果责任，个体是有反感的。这一反感最初表现为盲目的情感冲动；后来，在文明化的群集中这些冲动遭到理性的批判和扭转。无论如何都存在着个性行为动机，欲挣脱要求与群集相符的义务。为了防止安全的本能反应的这一衰败，人们发明了出自社会生活不同目的的种种复杂的符号表达方式。对符号的反应几乎是自动的，但也并非完全如此；确实有对意义的指称，或则是为了给予额外的情感支持，或则是为了批判。但是该指称并非如此明确，乃至要强制人接受。强制人本能地符合环境的影响，那种作法已得到了缓解。有的东西已取代了它，该东西因其表面的特性会招致批判，而因其习惯性用法却会躲过批判。那样的符号表达了相关思想，因而使之成为可能，同时它也自动地指导行为。群集不是获得了压抑个性的本能力量，而是获得了符号的效验性，它既可维护公共福利，又可维护个人立场。

在服务于这一目的的特殊种类的符号中，我们应首推语言。我的意思并非指具有明白地表达抽象观念或特殊实际事物的那一个功能的语言，而是对相关民族有全面影响的语言。单词和短语除了能明白地表达意义，还蕴含着丰富的暗示性以及一种情感效验。语言的这一功能取决于它被使用的方式，取决于特殊短语的那种相称的亲昵性，取决于与那些短语的意义相联系并派生性地转移到它们本身的情感史。如果两个民族说同一门语言，那么单词和短语的这一情感效验对于这两个民族总的说来就会不同。对一个民族熟悉的东西，对另一个民族就会是陌生的；对一个民族充满亲密联想的东西，对另一个民族则可能是相对空洞的。比如，如果两个民族稍远地相互分离，各自有不同的动物植物，那么一个民族的自然诗歌对另一个民族将会缺乏全然直接的吸引力——试比较美国人眼中 W. 惠特曼的这句诗：

……我的国土那宽广而未知的景色。

和英国人眼中莎士比亚的这句诗：

……这个小世界，
这银海中镶嵌的宝石。

当然，任何人，无论美国人或英国人，哪怕只有极小的历史感和家族感，或极小的同情的想象力，都能深深体会到这两句诗所传递的情感。但是来自最初童年记忆的那一直接的第一手直觉，对于一个民族来说就是对广袤大陆的直觉，而对于另一个民族来说则是对那一小岛世界的直觉。所以一个人对于祖国山川、林木、花草、鸟虫之爱，对于其整个自然生命之爱，在凝聚一个民族的力量中绝不是一个无足轻重的因素。通过文学，通过早年生活习惯用语，培养起这一普遍的情感，使人们感到他们共同具有某种无比珍贵的珍宝，这，正是语言的功能。

切不要误解我，以为我的意思是说这一例子有独特的重要性。这不过是一个例子而已，用来说明那些可用多种方式演示的东西。同时，语言也不是能达到此目的的唯一一套符号，它不过是以一种特别的方式，用它所引起的共同情感，将一个民族凝聚在一起，而且它也是人们借以自由表达思想及个人批判的工具。

我的主要论点就是：一个社会制度是被本能行为，以及丛生在习惯和习见周围的本能情感的盲目力量结合在一起的。所以这样的说法是不对的：文化级别的任何提高都必然会导致对群集的维护。总的说来，情况更常常是与此相反的。对自然的任何考察都会证实这一结论。生命中的一个新的因素会以多种方式将以往本能的作用化为不合适。但是，没有表达出的本能是不可分析的，是盲目地被感受到的。一种更高水平的存在所造成的诸分裂力量于是便在黑暗中和一种看不见的敌人作战。"理性的考虑"——且用 H. O. 泰勒的精彩用语——若要介入便没有了依仗。用符号来表达本能力量可将它们公开暴露。这种方法区分它们、刻画它们。于是理性便有机会以相对快的速度完成本需花费数世纪来进行的那一缓慢的从覆灭到重建的过程。人类错过了它的众多机会，它的种种失败成了冷言批判的合理靶子。但是，尽管理性失败的次数太多,人们却并无根据作出这一歇斯底里的结论:它从不成功。理性可比之为万有引力,自然力量中最微弱的,但最终却是太阳和星系——宇宙中的那些巨大群集——的创造者。符号表达给本能添加了情感,以这种方式它首先维护了社会;其次,通过对它所表现的特殊本能的刻画,它为理性提供了根据。新颖事物,甚至那些倾向于向更优秀水平上升的新颖事物,会造成分裂的趋势;这一学说在基督教影响罗马帝国稳定性的过程中得到了演示。它也在为世界确保了自由和平等的那三次革命时期中得到了演示,即17世纪的英国革命、美国革命和法国大革命。英国勉强躲过了一场社会制度的分裂;美国从未处于那样的危险;法国,那是新颖性的进入最热烈的地方,却的确有一段时间经历了这样的崩溃。埃德蒙·博克,是18世纪辉格党的政治家。他预言了并赞成前两次革命,对于法国大革命他虽预言到了却是谴责的。这位天才、政治家,直接观察了前两次革命,对第三次革命作了深入的思考。这样一个人,当他谈到凝聚和分裂社会的力量时,其意见是值得听取的。不幸的是政治家往往受制于一时的激情,博克在这一点上恰好表现得最为突出,他被法国大革命所激起的反动激情冲昏了头脑。因此,他在社会力量观中所表现出的智慧,被他从诸社会力量中得出的激进而褊狭的结论所窒息。他的伟大最好地表现在他对美国革命的态度上。他的更普遍的反省首先包含在他年轻时的著作《为自然社会一辩》(Vindication of Natural Society)中，其次在他的《法国大革命反思》(Reflections on the French Revolution)中。那部早年的著作本来意在挖苦，但是，正如天才通常的情况，他却无意间作了预言。该文实际上是围绕这一题旨来写的：文明之道的进步往往会危害社会制度。博克认为这一结论是一种归谬法（reductio ad absurdum）。但它却是真理。第二部著作——照其直接影响来看，它可能是博克写的最有害的一部著作——让人注意到，作为一种社会凝聚力，"习见"（prejudice）是很重要的。此处我再次认为，他的前提是对的，但他的结论却是错的。

博克考察了这一触目的奇迹：一个组织完好的社会能存在下去，并最终导致国家的顺利而统一的行动。那样的一个社会内会包含成百万的个人，他们各自有自己独特的特点、独特的目的以及独特的私自性。他问道，是什么力量导致一群分散的单独个人在维护一个有组织的国家的过程中（其中每一个体都要发挥他的作用——政治的、经济的和审美的）合作起来？他将一个文明社会诸功能活动的复合性与该社会中被单纯视为团体或群众的单个公民的全然的歧异性进行了对比，然后对这一难题作了回答：凝聚的力量就是"习见"，或换一个说法，是"习俗和惯例"。此处他预见了关于"兽群心理"的整个现代理论，同时抛弃了辉格党的基本学说，该学说形成于17世纪，得到了洛克的支持。这一传统的辉格党学说是这样的：国家的起源是由于单纯的人群自愿地依据一个"原始契约"而将自己组织为一个群集。这样的学说在一种无根据的历史虚构中去寻求国家的起源。博克让人注意到作为一种政治力量的先前事实（precedence）的价值，在这一点上他大大地超过了他的时代。不幸的是，在一时的兴奋中博克解释道，先前事实的价值在于暗含了对进步改革的否定。

而当我们考察一个社会是如何屈使它的个体成员遵照它的需要而行动时，我们便发现，我们继承下来的那一大套符号起到了十分重要的作用。存在着一套复杂的，表现为语言和行为的符号，它遍布于我们的社会，使我们对共同目的的基础有起伏不定的理解。个人行为的特殊方向与当时呈现给他那些分明界定的特殊符号直接相关。行为对符号的反应会非常直接，乃至于人们实际上会置符号所表达的终极事物于不顾。这种对意义的排除被称为反射行为。有时人们在实际上确实也要顾及符号的意义，但人们在回忆该意义时，它却并不在理性上特别而明确地启发人去采取确保终极目的所需的特别行动。该意义虽模糊但却执着。它的执着性所起的作用就是催眠人，让他去完成与符号相关联的特别行动。在这一交互作用的整个过程中，分明而确定的因素便是那些特别的符号，以及出自符号的行为。但这些符号本身不过是贫瘠的事实，它们直接的关联力量不足以使个人自动地遵从社会。形形色色的事态没有足够的重复，或没有足够的相似性以确保纯粹自动的服从。但是事实上，符号使得人们忠于那些模糊地构想出的、我们的精神天性中必不可少的观念。结果，我们的天性受到激发从而中止了一切敌对的冲动，于是符号便获得了它所需要的人在行为上的反应。因此，社会的那一套符号便有了双重意义。在实际上，它意指个人朝向特别行为的方向；在理论上，它也意指模糊的终极理由以及与之相随的情感。利用那些理由，符号获得了力量，得以将混杂的人群组织成运行自如的社会。

一个国家和一支军队的对比能说明这一原理。一个国家处理的情况远比它的军队处理的要复杂。在这个意义上它是一个较松散的组织，而且鉴于它那多得多的人口，它那一套公共符号便不能依靠几乎相同的情况的频繁出现而显现效力。而受过纪律训练的军队，就是被训练出来在一套确定的情况下进行统一行动的。但是，人生活的大部分内容都与军事纪律无关。军队为了某类工作而受训，结果军人便更多地依赖于机械的自动行为，而少于追求终极的理由。受过训练的士兵接到命令便自动地行动。他对声音作出反应而排除了思想。这便是反射行为。但是在军队中，求助于更深的一面仍是很重要的，虽然该借助的东西是用另一套符号提供的，比如军旗、军队的纪念仪式，或其他激发爱国主义的符号。因此，在军队里，既有一套在有限情况下造成自动服从的符号，又有一套符号让人普遍认识到自己所履行的职责的重要性。这第二套符号防止人们随意的想法削弱对前一套符号的自动反应。

对于一个国家大多数的公民来说，实际上并不存在像发给士兵的命令那样的符号，要人必须自动去服从。只是有一些情况是例外，比如对交通警察的信号所作的反应。因此，国家以一种非常独特的方式依靠那样一些符号的流行，那些符号既指引人去从事某一套众所周知的行为，又在更深的层次上表现了国家的目的。社会的自我组织要依赖共同传播的符号，它们引起共同传播的观念，同时表明被共同理解的行为。词语表达的通常形式就是这类符号的最重要的例子。同样，国家历史的光荣方面正是表示它直接价值的符号。

当革命将这一套致使人为了通常的目的而共同行动的符号摧毁到相当的程度时，社会便只能通过恐怖统治来挽救自己，使自己不至于瓦解。那些未采取恐怖统治的革命往往没有触动社会的那一套有效的基本符号。举例来说，17世纪的英国革命以及18世纪的美国革命都基本保持它们各自社会的普通生活不变。当乔治·华盛顿取代了乔治三世，国会取代了英国议会，就社会生活的普遍结构而言，美国人奉行的仍然是人们通常接受的那老一套。弗吉尼亚的生活较之革命前肯定并未表现出非常不同的方面。用博克的话来说就是，弗吉尼亚社会所依赖的习见并未被打破。平常的标记仍然指引着人采取平常的行动，同时它们也暗含着对平常常识的认可。

要解释我的意思，有一个困难就是：那一套亲切有效的符号有形形色色的、类型各异的表现，它们渗透社会，使人感觉到共同的目的。没有任何单一的细节是很重要的。需要的是整体的符号表达。一个民族英雄，比如乔治·华盛顿或杰弗逊，是一个符号，代表的是激励美国生活的共同目的。伟大人物的这种符号象征功能是他们难以获得公平历史评价的原因之一。人们或则情绪偏激，失之于贬，或则相反，失之于褒，将英雄不视为人，任意拔高，很难做到既表现其伟大，又不至于失其真人。虽然如此，至少我们还知道，**我们自己**是人。当我们忘记了**他们**（英雄）是人时，他们那激励人心的作用便丧失了一半。

我提到的伟人都是美国人，因为我此刻是在美国作演讲。但是，这同一道理完全适于所有国家、所有时代的伟人。

我的这些讲演所论述的有关符号的学说使我们能够区分什么是纯本能行为，什么是反射行为，以及什么是被符号限定的行为。纯本能行为是机体的那样一种功能行为，人们可以根据它的外部环境的固定事实在它的发展过程中所施加给它的那些条件，而对它作出分析。人们无须参照它的直接表象的知觉方式便可对那些条件作出描述。这一纯本能行为是机体对纯因果效验的反应。

根据这一定义，纯本能行为是机体对它们的环境的刺激所作出的最原初类型的反应。无机物质对它的环境所作出的一切物理反应因此都可严格地称之为本能反应。至于有机物质，它与无机物性质的主要区别就在于，它的那些微细部分内部的相互调节要精微得多，另外，在某些情况下，也在于它的情感是高级的。因此，本能，或者针对直接环境所作出的这种直接调节，在它指导行动实现有生命的机体的目的的那一功能活动中，显得更加突出。世界是由机体组成的一个共同体，这些机体总体上决定环境对其任何一个成员的影响。当以本能的形式出现的环境影响有利于个体的生存时，那么就只可能存在由持续的机体组成的持续的共同体。因此，作为一个环境的该共同体就要为组成它的这些分离的个体的生存负责，而这些分离的个体就要负责对这一环境作出贡献。电子和分子之所以生存，就是因为它们满足了这一关于一个与已知机体群集有关的稳定自然秩序的基本规律。

所谓反射行为，就是进行或进行过被符号限定的那种行为的机体将行为重新变成一类更复杂的本能的过程。因此对它的讨论必须暂缓。被符号限定的行为出现在那些更高级的机体身上，那些机体享有直接表象的知觉方式，也就是说，用感官去表象同时期世界的方式。这一感官表象以符号的方式促使了对大量的因果效验知觉的分析。于是人们感觉到，因果效验被分析成了组成成分，这些成分在那主要属于感官表象的空间中有着位置。对于在人体外被知觉到的那些机体来说，人们在知觉它们的纯因果效验的过程中所进行的空间区分是十分微弱的，乃至实际上并不存在对这一符号转移的限制，只有对于实际后果的间接限制——换言之，只有对生存值或自我满足在逻辑上以及在美学上的限制。

被符号限制的行为是那样一种行为，由于人们对因果效验知觉方式的分析，它便受到条件的限制，这一分析是由来自直接表象方式的符号转移引起的。这一分析可能对也可能错，全在于它是否符合效验体的实际分布。由于它在正常情况下是充分对的，它便使得机体能够让它的行为符合对它的环境的特殊情况所作的长期分析。只要这类行为占上风，纯本能行为就被替代了。这类行为被思想大大地促进了，思想用符号来指称它们的意义。在任何意义上纯本能行为都不会错，但是在这样的意义上被符号限制的行为却可能错：该行为可能出自对因果效验的一种错误的符号分析。

反射行为是那样一种有机功能作用，它完全依赖感官表象，并不伴之有任何**通过**符号指称而进行的对因果效验的分析。对知觉的有意识分析，主要牵涉对两种知觉方式之间符号关系的分析。因此，反射行为受到思想的阻碍；思想不可避免地是突出符号指称的。

由于符号的作用，机体养成了对直接感官知觉作出反应的习惯，同时也不用符号对因果效验进行提高。正是在这个时候反射行为出现了。因此,它表现的是从符号指称这一高级活动的回落。这一回落在没有意识的关注时尤其不可避免。无论在什么意义上都不能说反射行为是错的,虽然它可能是不幸的。

因此,一个由昆虫组成的共同体中的重要凝聚因素恐怕可归为纯本能,就像此处所定义的。因为每一只昆虫都可能是那样一个机体,它从直接过去继承的因果条件足以决定它的群集行为。而反射行为所起的则是从属的作用。因为昆虫的感官知觉已在某些行为的领域表现出昆虫活动的一种自动倾向。在那样的情况下——当感官表象用符号对因果情况进行了严格的具体说明时——被符号限定的行为的介入就更微弱了。但是,只有主动的思想才能使被符号限定的行为不至于迅速回落,成为反射行为。当纯本能处于绝对统治地位时,就会出现最成功的群集生活的例子。这些例子只出现于无机世界,出现在组成岩石、星球、太阳系、星系的那些活跃分子的群集中。

更发达的有生命的共同体类型要求感官知觉成功地出现,以便成功地刻画外部环境中的因果效验;同时也要求它回落,坠而成为适于该共同体的一种反射。我们就这样获得了由低级的精神,或甚至是活细胞组成的一些更灵活的共同体,它们具有适应遥远环境的偶然细节的能力。

最后,人类也使用一套更人工化的符号,这套符号主要是通过专注于某一组精选的感官知觉而获得的，比如词语便是这样的符号。这样就有了一条由来自符号的派生符号组成的链条，在这链条上最终的符号和最终的意义之间的狭隘关系最后全然地失去了。因此这些派生的符号（可算是通过任意联想 [association] 获得的），确实是抑制该链条中间部分的反射行为的结果。当存在着这种对中间环节的抑制时，我们会使用"联想"一词。

这一套为人所采用的派生的符号，总的说来并不仅仅是对意义的表示，其中，符号与意义的每一共有特征都已失去。在每一套有效的符号中，都存在着人所共享的某些审美特征。意义获得了由符号直接激发起的情感和感觉。这便是文学艺术的整个基础，也就是说，直接由词语激发起的情感和感觉，应恰当地加强我们在思考该意义时所产生的情感和感觉。再者，在语言中，存在着符号的某种模糊性。一个词在符号意义上同它自己的历史、它的其他意义，以及它在当前文献中的一般情况有关联。因此，一个词从它过去的情感历史聚集了情感含义。这一含义被符号转移进了它当前的使用意义。

这同一原理适用于所有类型的更人工化的人类符号，比如说在宗教艺术中。音乐特别适合符号转移情感，因为它自己就能产生强烈的情感。这些强烈的情感立即使人不再感到它自己的位置关系有什么价值。一个管弦乐队的位置安排，其价值就在于使我们听见音乐。我们倾听音乐的目的并不在于弄明白管弦乐队的方位。当我们听见一辆机动车的喇叭响时，却出现了恰好相反的情况。我们对喇叭声的唯一兴趣就在于去确定它的具体方位，因为决定将来的因果效验就要以此为基点。

对符号转移情感的这一考虑引发了又一个问题。就感官知觉来说，我们会问这样一个问题：与之关联的审美情感到底是从它派生的，或简直就是与它同时发生的？举例来说，声波会通过它们的因果效验，在人体中产生令人愉快的审美情感状态。然后这一状态通过符号转移为对声音的感官知觉。在音乐这种情况中，因为聋人不能欣赏音乐，似乎这种情感几乎完全是乐音的产物。但是太阳光谱紫外线，会在不导致人产生颜色感的情况下而对人体产生因果影响。然而那样的紫外线却产生了一种确实的情感效应。还有，声音，刚好听不见的，或刚好可听见的，似乎也给一定量的可听见声音增添了情感色彩。这一整个有关情感的符号转移问题，是任何关于艺术美学的理论的基础。举例来说，它解释了何以删去不相干的细节是重要的。因为各种情感是相互抑制或相互加强的。和谐情感指的是由相互加强的情感组成的一个复合体。而不相干的细节却造成那样的情感，它们（由于是不相干的）妨碍主要的效果。直接出自某一从属细节的小情感，拒绝接受它那在我们意识中作为分离事实的地位。它执意向主要效果的统一体进行符号转移。

因此,符号的使用,包括引起它的符号转移,只是说明这一事实的一个例子:一个经验的统一体是由于很多构成成分的汇集而产生的。这一经验的统一体是复合的,以至于能够被分析。经验的诸构成成分并非是毫无区分地被聚集在一起的一个无结构的聚合体。每一构成成分,就其本性而言,都位于由它与其他构成成分所结成的某一潜在的关系网中。从这一潜在的关系转变为那一实在的统一体,正是这一过程构成了那一实际的具体事实,即一桩经验事实。但是在从潜在关系向实际事实转变的过程中,会出现抑制、加强,对情感结果及目的关注或不关注,以及其他经验要素。这样的要素也是经验事实的真正构成成分;但是它们却不一定为产生最终产物的那些经验的原始阶段所决定。一桩经验行为,作为一桩事物,是一个复杂机体所要达到的那种东西。同时,它的各个部分,它的分子,它的活的细胞,当其发展为它们存在的新事态时,会因以下事实而获得一种新外观:在它们的直接过去,它们一直是促成这一主要的经验统一体的要素,这一统一体反过来又作用于它们。

因此,人类,通过它那一套繁复的符号转移体系,可以养成奇迹般的敏感性,感受遥远的环境,以及未定的将来。但是它也要付出代价,因为每一符号转移都可能含有任意归罪于不恰当特性的危险作法。以下这一说法是不符合事实的：任何特殊机体天性的单纯作用，无论如何都有利于该机体的生存或它的幸福，或有利于该机体所在的群集的进步。人类那令人伤感的经验使这一警告常被提起，乃至成了老生常谈。任何由复杂机体构成的复杂的共同体，只要它的符号体系总的说来不是成功的，它便不能生存。法典、行为规则、艺术准则，都企图将统一的行动强加于人，那一统一行动总的说来会促进有利的符号相互联系。当一个共同体发生变化时，所有的那些规则和准则都要根据理性作出修改。要达到的目的由两个方面构成：一是共同体服从组成它的众个体，二是众个体服从共同体。自由的人服从他们自己制定的规则。人们会发现，那样的规则总的说来是要借助一套符号将行为强加给社会，那一套符号被认为是与社会生存的终极目的有关。

照社会学的理论，首先应承认，文明的重大进步就是那样一些进程，它们几乎也可摧毁它们所发生于的那些社会——这正如小孩手中的箭。自由社会之道首先在于维护符号代码，其次是不要畏惧修改，以便确保该代码能服务于那些能满足一种开明理性的目的。那些既不能尊重符号，又不能自由地修改符号的社会，最终肯定会腐败，或则由于无政府的状态，或则由于生命遭逢无用的阴影的窒息而缓慢地萎缩。

图书在版编目(CIP)数据

理性的功能/(英)怀特海著;周邦宪译.—北京:商务印书馆,2024
ISBN 978-7-100-23421-4

Ⅰ.①理… Ⅱ.①怀…②周… Ⅲ.①怀特海(Whitehead, Alfred North 1861-1947)—哲学思想 Ⅳ.①B561.52

中国国家版本馆 CIP 数据核字（2024）第 044549 号

权利保留,侵权必究。

理性的功能

〔英〕怀特海　著
周邦宪　译

商　务　印　书　馆　出　版
(北京王府井大街36号　邮政编码100710)
商　务　印　书　馆　发　行
山东临沂新华印刷物流
集团有限责任公司印刷
ISBN 978-7-100-23421-4

2024年5月第1版　　开本 889×1194　1/32
2024年5月第1次印刷　　印张 4¾
定价：52.00元